Vladimir Fédorovski

LE ROMAN DES TSARS

400 ans de dynastie Romanov

éditions du ROCHER

«Le roman des lieux et destins magiques»

AVERTISSEMENT

Les dates de l'histoire russe antérieures au 1er février 1918 sont données dans le calendrier julien, sauf indication contraire (NS : nouveau style).

ISBN: 978-2-268-0752-59

L'HÉRITAGE DES PRINCES SOUVERAINS

Le roman des tsars est jalonné d'assassinats, d'intrigues, de sacrifices soudains et de répressions féroces. La foi en Dieu, les rêves de grandeur, les passions, les fuites en avant, au fil des siècles, ont marqué ces chroniques.

À travers leurs victoires, leurs replis, leurs folies ou leurs tourments, les souverains russes ont souvent poursuivi les mêmes objectifs. Leurs triomphes, les enseignements nés de leurs défaites ou des drames qui les frappaient ont façonné la grande histoire, celle qui vit notamment régner, sur plus de trois siècles, la dynastie des Romanov.

La première dynastie, issue des Riourikides ou Rurikides, des princes d'origine viking, gouverna de 862 à 1132 les principautés de la Russie kiévienne, puis, à partir de 1276, de la Moscovie. Leur lignée s'éteignit en 1598 avec Fedor Ier, l'aîné des fils survivants d'Ivan le Terrible, disparu sans laisser de descendance. Le beau-frère du défunt tsar, Boris Godounov, fut alors porté au pouvoir. L'avènement sur le trône moscovite de cet homme ambitieux et rompu à l'exercice de l'autorité vit s'ouvrir une période sombre et mouvementée, le «temps des troubles», qui s'acheva en 1613 par l'élection du tsar Michel, fondateur de la dynastie des Romanov.

Le règne des Romanov allait être le théâtre immuable de crises politiques et de luttes d'influence : Pierre le Grand fit exécuter son fils ; Catherine II organisa un coup de force militaire par lequel son mari fut détrôné et tué ; le tsar Ivan VI, le «Masque de fer» russe, fut constitué prisonnier avant d'être à son tour liquidé ; un marquis français faillit devenir le maître de la Russie ; le tsar mystique Alexandre Ier ferma les yeux sur l'assassinat de son père ; sans parler des secrets de l'attentat meurtrier contre Alexandre II ou encore des zones d'ombre qui planent encore sur le massacre de la famille impériale par les bolcheviks, en 1918.

Mystère, amour et évasion, telle est donc la trame de ce livre placé dans le cadre grandiose des neiges de la Russie éternelle. Les archives inédites et les nouvelles techniques d'investigation – notamment les analyses ADN – permettent de mener l'enquête, de bousculer des secrets à demi enfouis, donnant parfois au lecteur, en pénétrant dans l'intimité des tsars, la possibilité de suivre jour par jour la marche dramatique des événements ou d'en percer les ressorts tragiques.

Mais paradoxalement, cet ouvrage est aussi d'une grande actualité.

Vladimir Poutine se réfère en effet aujourd'hui à l'empire des tsars comme au symbole de l'ordre et de la grandeur de la nation russe – une passerelle historique qu'il établit à des fins idéologiques. Et le chef du Kremlin se voit comme la réincarnation du premier des Romanov, choisi par la Providence pour protéger le pays après le « temps des troubles postcommunistes », au nom de la puissance de la Russie.

« La démence d'un génie[1] »

1. Bernard Pares.

LE SPECTRE D'IVAN LE TERRIBLE

Le premier guide de notre récit est incarné par Ivan IV le Terrible, qui peaufina l'art de gouverner en inventant le concept de «Russie tsariste». Avec ce monarque, la Russie allait devenir pleinement impériale. Au cours de ses cinquante et un ans de règne[1] – une longévité qu'aucun autre souverain russe ne surpassa –, il travailla non seulement à restaurer la puissance de son pays, mais aussi à assurer le triomphe universel de l'orthodoxie.

Ivan le Terrible est sans doute l'une des figures autocratiques les plus célèbres, dont le spectre, revêtant différents masques, a jusqu'à nos jours hanté la Russie.

Staline, ombrageux et imprévisible, lui ressemblait à bien des égards. Ce fut d'ailleurs pour honorer la mémoire du premier tsar de l'histoire russe que le dictateur décida, dans les années 1940, d'un projet cinématographique de grande ampleur que concrétiserait le cinéaste Sergueï Eisenstein : une vaste fresque retraçant la vie d'Ivan IV, son chef-d'œuvre absolu.

Depuis longtemps, le «tsar rouge» portait un intérêt particulier au destin de ce souverain que sa cruauté, aussi bien que sa ruse, avait fait surnommer *Groznyï*, «le Terrible[2]». S'il le considé-

1. Ivan le Terrible (1530-1584) hérita du trône en 1533 et s'y maintint jusqu'à sa mort.

2. L'adjectif *groznyï* est habituellement traduit par «terrible» ou, dans son sens littéral, par «menaçant». Bien qu'il soit dérivé du nom qui signifie «orage»

rait comme son précurseur au Kremlin et le fondateur d'un grand empire, il glorifiait surtout le régime de terreur imposé par les membres de sa garde prétorienne, constituée pour lutter contre l'expansion sans frein des boyards[1].

De même que plus tard Staline, Ivan IV ne se contenta pas de terroriser physiquement son pays. Il entreprit de le harasser moralement en supprimant ses points de repère et ses valeurs, en alternant de façon arbitraire les faveurs et les sanctions, les retours à la sagesse et les nouvelles atrocités. Selon les propres termes du Terrible, la «grande peur» était le fondement le plus solide de l'autorité de l'État, car seul le mal, en engendrant l'effroi, était en mesure de rassembler autour du souverain les peuples égarés de son immense pays. Là résidait, disait-il, le sens de l'«esprit tsariste».

Les analystes ont souvent débattu les véritables raisons de la terreur provoquée par Ivan IV qui extermina des milliers de ses adversaires réels ou présumés. Habituellement, les libéraux occidentalisés présentent le Terrible comme un despote dément, tandis que les nationalistes le regardent comme un grand monarque qui sut faire preuve de mesure et de perspicacité.

Au XIXe siècle et à l'aube du XXe, le jugement porté sur Ivan le Terrible était encore hostile ou, pour le moins, critique. Mais au début des années 1930, Staline décréta qu'il était «indispensable de restaurer dans l'histoire russe la véritable image de cet homme d'État grand et sage». Et le dictateur suggéra de l'incarner au cinéma, son art de prédilection. Il incomberait à Sergueï Eisenstein, seul susceptible à ses yeux de s'en montrer digne, d'exécuter cette tâche épineuse.

Staline avait suivi de près la carrière du réalisateur depuis les années 1920, période à laquelle celui-ci avait monté ses premiers

---

ou «terreur», les historiens russes, se fondant sur la notion de «respectable» ou de «redoutable» que peut aussi recouvrir ce terme, ont souvent proposé d'autres versions, notamment «Ivan le Redoutable».

1. Anciens grands seigneurs dont l'assemblée, la douma, était consultée pour traiter les affaires de l'État.

longs-métrages et notamment le célèbre *Cuirassé Potemkine* (1925), le gratifiant généreusement ou le sanctionnant sans pitié selon sa fantaisie. Avec Staline comme censeur, le cinéaste jouait donc à la roulette russe.

Eisenstein accepta malgré tout la « proposition ». Il travailla d'arrache-pied et acheva assez rapidement la première moitié de son épopée, dont il avait été convenu qu'elle comporterait deux parties.

Si les autorités cinématographiques avaient été saisies d'effroi à l'idée de délivrer l'autorisation de diffusion du premier volet d'*Ivan le Terrible*, elles furent encore plus terrifiées lorsqu'il leur fallut, en 1945, proposer l'œuvre pour le « prix Staline », la plus prestigieuse récompense du pays. Elles prétendirent donc que cette gratification ne pouvait être attribuée à une production inachevée. Mais Staline, comme toujours, agit à sa guise. Après avoir visionné cette première partie, le dictateur ordonna qu'Eisenstein bénéficie d'une dérogation : non seulement son film fut présenté au public, mais il obtint le prix.

En février 1946, une fête fut organisée en l'honneur des nouveaux lauréats. Eisenstein y dansa à corps perdu avec une célèbre actrice. L'assistance décela bien dans cette valse fatale une sorte d'exaltation provocatrice, mais personne n'aurait pu prédire qu'elle serait un prélude à la mort. Quelques minutes plus tard, le cinéaste fut pourtant transporté d'urgence à l'hôpital, victime d'un grave infarctus…

À quarante-huit ans, Eisenstein semblait alors avoir le vent en poupe. D'où venait qu'il fût si tourmenté, si oppressé ?

Le grand artiste avait tout juste terminé le montage de la seconde partie de son film. Et tous ses amis s'en étaient alarmés, tant y étaient nombreux les parallèles équivoques entre Staline et Ivan IV, figuré comme un tyran paranoïaque. L'angoisse d'Eisenstein était donc pleinement fondée… Il ne pouvait cependant se dérober. Il fallait à présent montrer l'œuvre au dictateur.

Ulcéré, Staline laissa éclater sa fureur :

« Il a représenté la police secrète d'Ivan comme un ramassis de crapules, de dégénérés, quelque chose comme le Ku Klux Klan américain !, hurla-t-il. Ce n'est pas un film, c'est un vrai cauchemar !… C'est dégoûtant[1] ! »

Le film fut aussitôt censuré.

Sur cette toile de fond dramatique, Eisenstein jugea prudent de prolonger son séjour à l'hôpital.

Mais le comédien Nikolaï Tcherkassov, à qui Staline vouait une véritable admiration, parvint à décrocher une audience au Kremlin. À l'occasion de cette entrevue, le dictateur récapitula ses reproches et fit part aux deux hommes des « rectifications » qu'il souhaitait voir imprimer à l'œuvre :

« Ivan le Terrible était très cruel. On peut montrer qu'il était cruel, mais il faut aussi montrer pourquoi il était indispensable d'être cruel ! »

Eisenstein et son acteur se gardèrent de répondre – c'était la méthode qu'ils avaient convenu d'employer face à la critique du dictateur. Mené par son intuition légendaire, Tcherkassov réussit à apaiser les tensions en demandant à Staline la permission de fumer. Ce dernier esquissa un sourire :

« Il me semble que ça n'a jamais été interdit ! »

Et il offrit à ses interlocuteurs ses cigarettes parfumées préférées. Il s'enquit même de la santé d'Eisenstein, avant de murmurer :

« Ça ira mieux, avec l'aide de Dieu ! »

Mais le cinéaste avait déjà tranché : il ne retoucherait pas d'un iota son œuvre emblématique.

Il succomba quelques mois plus tard à un second infarctus.

Pour Staline néanmoins, Ivan demeura l'une des plus éminentes figures de l'histoire universelle. « Ce pays a besoin d'un tsar, il a besoin d'un fétiche », répétait-il souvent à ses proches. Comme se plaît aujourd'hui Vladimir Poutine à clamer que la Russie a besoin « d'un homme fort, d'un tsar fort »…

---

1. Propos cités, ainsi que les suivants, d'après les souvenirs de l'acteur Nikolaï Tcherkassov, qui incarnait dans le film Ivan IV.

IVAN INVENTE L'ESPRIT TSARISTE

Ivan IV fut le tsar de tous les excès, penchant qui se manifesta dès son plus jeune âge. Il prenait par exemple un plaisir pervers à précipiter des animaux du haut des tours du Kremlin ou, s'il perdait au jeu, à faire exécuter le ou les malheureux gagnants. Sans parler de sa distraction favorite, qui consistait à lâcher un ours enragé dans la foule pour contempler avec délice la couleur du sang et humer l'odeur de la chair humaine.

Il fut dans sa petite enfance confronté au spectacle du mal. Lorsque mourut en 1533 le grand-duc Vassili III de Moscou, son père, le futur Ivan IV n'avait que trois ans. Le décès prématuré de sa mère cinq ans plus tard, peut-être des suites d'un empoisonnement, le laissa seul face à deux grandes familles de boyards, les Chouïski et les Bielski, qui, sous couvert d'obtenir sa tutelle, se disputèrent âprement la régence. Les deux clans n'hésitaient pas à se livrer sous les yeux du garçonnet à des règlements de comptes sanguinaires. La peur, fléau qui de tout temps hanta les tyrans, entra dans l'âme du jeune prince pour ne jamais la quitter. Dès lors, son cerveau d'enfant ne nourrit plus qu'une idée fixe : se débarrasser de l'omniprésence des boyards.

Malgré son tempérament outrancier, Ivan possédait une sensibilité étonnante et manifesta, dès l'âge de quatorze ans, un talent littéraire unanimement reconnu.

La vivacité de son langage, l'expressivité de ses tournures, ses allégories inattendues, firent de lui l'un des plus grands écrivains de son époque et sans doute le plus éminent auteur parmi tous les monarques russes. Un des meilleurs exemples de son style reste la relation épistolaire qu'il entretint plus tard avec son ami de jeunesse, le prince Andreï Kourbski, lorsque ce dernier passa au service du roi de Pologne par crainte de voir son tsar devenir son bourreau. «Tu es la paix en guerre», écrivit Ivan à celui qui, à ses yeux, l'avait trahi.

D'une méfiance irrépressible, le tsar intimait aussi à Élisabeth d'Angleterre de détruire ses lettres :

> Brûlez tout. Plus rien [ne doit subsister] entre nous.

Dans une autre épître, il annonçait la couleur à son destinataire :

> Vos oreilles ont bu trop de miel, voici un peu de fiel.

Et l'image sublimée de parents qu'il n'avait pas vraiment connus était mise en scène dans la première missive d'Ivan à ce prince :

> Je vais montrer avec tous les détails les maux dont j'ai souffert jusqu'à maintenant. [...] Quand, par-devant Dieu, notre père, le grand souverain Vassili, après avoir échangé la pourpre contre l'habit monastique, quitta tout ce qui était périssable et le transitoire royaume terrestre, et arriva au royaume des cieux pour se tenir devant le Tsar des tsars, je grandis physiquement, je ne voulus pas rester dans cette condition servile.

Adolescent, Ivan IV aimait à chevaucher à travers les plaines enneigées de sa Russie, ravagée depuis trois siècles par les invasions tatares[1].

Il lui arrivait parfois de faire halte dans un de ces monastères retranchés sous les neiges et de se lancer dans des discussions théologiques avec les moines. Mais il pouvait tout aussi bien plonger dans les débauches les plus effrénées pour satisfaire ses appétits

1. L'asservissement des principautés russes à l'empire de la Horde d'or perdura jusqu'au XVe siècle. Durant cette période, la Russie fut séparée de l'Europe et se rapprocha de l'Asie. Cette dualité «eurasienne» est au centre de son histoire. Parmi les vassaux de la Horde se trouvaient les princes de Moscou, ville implantée au croisement des seules voies fluviales praticables dans une région de vastes forêts.

charnels… Quand un boyard osa un jour blâmer devant lui ses écarts, Ivan lui fit avaler de force un calice empli de vin. Comme le malheureux ne parvenait pas à tout ingurgiter, le tsar lui reprocha de refuser de boire à sa santé et le fit étrangler. Plus tard, il demanda à sa veuve des nouvelles du seigneur assassiné…

Assez vite cependant, Ivan allait s'imposer comme le véritable homme fort de la Russie.

LA TROISIÈME ROME

À seize ans, au début de l'année 1547, Ivan IV exigea de se marier, puis se fit sacrer tsar dans un déploiement de faste sans précédent. Il démontra pour la circonstance ses dons littéraires en forgeant la légende selon laquelle les attributs du sacre – collier, sceptre et couronne – venaient de l'empereur byzantin Constantin, qui les avait légués à son petit-fils et digne héritier.

La grand-mère d'Ivan le Terrible, Sophie Paléologue, nièce du dernier empereur byzantin, qui était arrivée à Moscou en 1472 escortée d'une suite nombreuse pour s'unir à Ivan III, avait ajouté au saint Georges, sur les armes familiales, l'aigle à deux têtes, symbole de sa propre dynastie.

Ivan III avait introduit à la cour moscovite tout le cérémonial impérial, s'entourant de lettrés grecs, mais aussi d'une pléiade d'artistes, de techniciens et d'architectes italiens d'exception[1] dont la princesse Sophie avait apprécié les talents pendant son exil romain. Le tsar avait notamment demandé à ces derniers de rebâtir en pierre le kremlin de Moscou. En 1480, Ivan III était parvenu à vaincre les envahisseurs tatares, mettant fin à la suzeraineté si longtemps subie des principautés russes.

Assumant l'héritage spirituel de ses grands-parents, Ivan le Terrible mena une série de guerres, dont l'issue heureuse lui

1. Parmi lesquels Fioravanti, Aleviso, Giuliani et Masconi.

permit de reconquérir plusieurs territoires de son empire. Le Kremlin confirma ainsi sa poussée vers l'Est.

Dès lors, l'Église s'affirma pleinement comme une puissance temporelle au service de l'idée de la sainte Russie. Celle-ci pouvait désormais s'en remettre à un guide, le tsar en personne, qui se glorifiait d'être l'authentique héritier des empereurs byzantins.

Sous cette égide, la Russie se donna pour mission de rétablir le plein rayonnement de la foi. Moscou devint la troisième Rome, ainsi que l'avait prédit au début du XVIe siècle le moine Philothée : la première Rome était tombée sous les coups des Barbares et les égarements des hérétiques, qui l'avaient rongée de l'intérieur. La seconde – Constantinople – avait été submergée par la malfaisante vague turque. Moscou, son héritière, était la dernière cité choisie par Dieu pour Le servir.

N'était-ce pas la manière la plus efficace de montrer au monde que le jeune tsar entendait faire de son royaume le successeur de l'empire d'Orient ?

Scellant l'union du trône et de l'autel, Ivan IV commença son règne en s'arrogeant tous les droits. Il s'empressa de déposséder les grandes familles de boyards du pouvoir qu'elles se partageaient depuis son enfance. Puis il imposa sans ménagement son autorité en s'appuyant sur un groupe de fidèles, instituant ainsi une « chancellerie » secrète.

UN MARIAGE D'AMOUR

Puisqu'il était désormais majeur, Ivan IV entendait bien prendre femme. Les prétendantes sélectionnées parmi les filles des boyards arrivèrent au Kremlin de tous les coins du pays.

Le *terem* où habitaient les femmes fut agrandi d'une nouvelle salle, puis d'un bâtiment isolé, l'hôtel des fiancées, qui disposait aussi de son établissement de bains où les candidates se préparaient à la cérémonie. Une préposée spéciale était chargée de les surveiller. Une trentaine de femmes secondaient les jeunes filles pour les aider à se mettre en valeur, à se baigner et à se distraire sans avoir à sortir du palais.

La préposée était également tenue de procéder à un « inventaire » minutieux de toutes les postulantes. Cette « nomenclature » était exposée au grand-prince avant la représentation définitive, donnant un aperçu général de chacune, de ses dispositions morales et intellectuelles. Ce catalogue insolite faisait aussi mention dans le détail des qualités « anatomiques », sans oublier « [les] taches de rousseur ou [les] verrues », en particulier si ces marques présentaient une forme bizarre et suspecte. Il était hors de question qu'une « sorcière » pût accéder au rang de tsarine !

Le contrôle de la virginité des demoiselles était des plus rigoureux. La lutte qui opposait les familles nobles était si impitoyable qu'on usait de tous les moyens pour parvenir à ses fins, y compris des pots-de-vin. Le jeune monarque, débordé, fut contraint de nommer un boyard, sorte d'officier très spécial des services secrets, chargé de veiller au respect de la procédure. En dépit de cette précaution, plusieurs boyards chevronnés cédèrent à la tentation devant l'exceptionnelle douceur de peau de ces jeunes filles.

Après un premier examen, deux mille demoiselles furent présélectionnées. Les candidates au mariage furent rassemblées, puis réparties en dortoirs par groupes de douze, avant d'être présentées au jeune Ivan.

Son choix s'arrêta sur Anastasia, grande et belle jeune fille d'une famille de boyards respectés.

Le nom de cette famille – les Romanov – ne devait véritablement entrer dans les annales que trois quarts de siècle plus tard, en 1613, lors de l'avènement du tsar Michel, premier de la dynastie.

LES ANNÉES DE SPLENDEUR

En attendant, l'amour aussi sincère que sensuel du jeune Ivan pour Anastasia, même s'il ne fit nullement renoncer le tsar à sa vie dissolue, allaient changer la donne.

Le 20 avril 1547 parvint une nouvelle qui plongea toute la Russie dans la plus grande consternation. La cloche du Kremlin était tombée et s'était brisée sur le sol. Non loin de là, Basile, un « fol en Christ » doté d'un don prophétique, gémissait, implorant le ciel de ses mains tendues. Cela était de mauvais augure.

Le malheur, en effet, ne tarda pas. Un incendie embrasa l'église de l'Exaltation-de-la-Croix, au cœur de Moscou, et se répandit à travers la ville. Les rumeurs les plus folles commencèrent à circuler sur les raisons de cette infortune, laissant entendre que les pratiques de sorcellerie des parents de la défunte mère d'Ivan étaient à l'origine du désastre. La foule, ivre de colère, se rua sur leurs traces et massacra boyards et proches serviteurs de cette famille damnée.

Ce fut alors qu'un homme vêtu de l'ample robe noire des prêtres demanda à voir le tsar. Il se prénommait Sylvestre.

Il avertit le Terrible que, s'il persistait à vivre dans la débauche, la punition du Très-Haut serait inévitable. Ces paroles et la conviction de celui qui les proférait frappèrent Ivan en plein cœur. Ébranlé, il attacha dans l'instant l'homme de Dieu à son service et associa à ce guide spirituel inespéré un jeune officier[1], sorte de

1. Alexis Adachev.

d'Artagnan avant l'heure, qui s'imposa rapidement comme son plus sûr conseiller.

La meilleure période du règne d'Ivan IV s'ouvrit alors ; le tsar remporta nombre de victoires sur les Tatares et agrandit son royaume vers l'est et le sud-est.

Pour célébrer la conquête de Kazan et d'Astrakhan, une fête grandiose fut organisée à Moscou. Le Terrible prononça devant le peuple des discours enflammés et trois nouvelles tours furent érigées au Kremlin, afin de consacrer ce coup d'éclat. Ivan décida également de faire élever une cathédrale qui surpasserait toutes celles qui existaient dans l'enceinte. Les auteurs de ce chef-d'œuvre sont connus sous les noms de Postnik et Barma[1]. Le tsar, imprévisible, si content de ce joyau inégalé, leur fit crever les yeux pour qu'ils ne soient pas tentés de bâtir ailleurs un aussi bel édifice et qu'ainsi la cathédrale de Basile-le-Bienheureux demeure unique au monde.

Parallèlement, s'étant entouré d'esprits jeunes et brillants, Ivan entreprit un remarquable travail de réorganisation de l'administration et de la justice. Le pouvoir de l'État et de ses structures centralisées s'en trouva renforcé. Mais cette période éclatante ne se prolongea que huit ans.

1. D'après des documents découverts en 1957, Postnik et Barma seraient une seule et même personne : Postnik Yakovlev, surnommé Barma. Cela est fort plausible, car dans d'autres écrits bien antérieurs, il est dit qu'Ivan le Terrible fit éborgner *l'auteur* – et non *les auteurs* – de cette merveille d'architecture.

LA GRANDE TERREUR

Durant l'hiver 1553, Ivan tomba sérieusement malade. Craignant que sa fin soit proche, il voulut désigner son successeur en la personne de son fils. Le prêtre Sylvestre et ses conseillers s'y opposèrent : ils préféraient qu'un homme plus expérimenté assurât la régence. Ils finirent néanmoins par obtempérer, mais le tsar, qui s'était entre-temps rétabli, ne leur pardonna jamais d'avoir tenté d'agir contre sa volonté[1].

La maladie, puis la mort d'Anastasia en 1560 produisirent sur le fantasque souverain un second déclic. Ivan parut sombrer dans la démence. Plus que jamais en proie à la peur et à la suspicion, il croyait déceler des complots partout. Commença alors une sorte de transe de la mort, sans limites ni tabous.

Le 1er décembre 1564, une tempête de neige s'abattit sur le Kremlin. Promenant son regard inquiet sur la ville, Ivan aperçut au loin des traces de sang qui maculaient la neige. D'un mouvement brusque, il tourna les talons et rentra précipitamment à l'intérieur du palais. Se hâtant le long des couloirs voûtés aux parois habillées d'icônes sur fond d'or, il se réfugia dans son petit cabinet de prière…

1. Ces moments cruciaux liés aux passations des pouvoirs jouèrent d'ailleurs souvent un rôle capital dans le roman des tsars.

Le soir même, le tsar prétendit que les «infâmes» avaient jeté un sort sur sa personne. Il ajouta que, se sentant à ce point haï, il préférait se retirer du monde.

Dès le lendemain, la rumeur du départ du Terrible se répandit à travers la cité.

Deux cents nobles venus des quatre coins du pays pour tenter de raisonner le tsar se pressaient dans la salle du trône. La lueur des candélabres faisait briller leurs yeux inquiets et danser les icônes qui ornaient les murs. Tous attendaient leur souverain.

Au bout de six heures, Ivan parut enfin.

Il annonça qu'il renonçait à son royaume, puis se dépouilla de son sceptre, du collier impérial, et fit glisser à leurs pieds son manteau broché d'or rehaussé de perles.

Pétrifiés, les boyards se mirent à l'implorer de ne pas abandonner le pays. Mais rien ne put faire revenir le tsar sur sa décision.

Le 3 décembre, Ivan quitta donc la capitale, suivi de sa Cour. Contrairement à ses précédentes retraites, il emportait cette fois tous ses objets sacrés, des icônes et des croix richement ornées, mais aussi sa vaisselle d'or et d'argent, sa garde-robe et son trésor.

Quels événements avaient conduit le souverain à cette résolution *a priori* inconsidérée ? Avait-elle été appelée par les révélations de Basile le Bienheureux, prédicateur auquel Ivan IV vouait une grande vénération ? Par les mauvais sorts dont il se disait victime ? Ou par sa hantise d'un complot ? Était-elle plutôt le fruit d'un calcul politique, d'un stratagème s'appuyant sur sa police secrète et visant à prendre l'avantage sur ses adversaires les boyards ? Il est un fait, en tout cas, que cette stratégie inspirera souvent les successeurs d'Ivan le Terrible.

Le tsar pouvait véritablement s'alarmer de la situation, car, des frontières du royaume, on lui avait annoncé l'attaque imminente des Lettons à l'ouest et des Tatares au sud. Dans ce contexte, il avait jugé opportun, selon ses propres termes, de «prendre les devants», d'anticiper d'éventuels soulèvements intérieurs qui auraient été suscités par les boyards, simultanément aux agressions extérieures.

Ivan se retira deux semaines au monastère de la Trinité-Saint-Serge, haut lieu de l'orthodoxie, et finit par s'installer dans une bourgade voisine. De là, il adressa un message au métropolite, énumérant ses griefs contre les boyards, le clergé et les hauts fonctionnaires : leurs trahisons, leur violence à l'égard des paysans, leur avidité sans limites. Puis, en vrai maître des relations publiques, il rédigea une missive à l'intention de ses sujets, par laquelle il assurait les gens du commun de sa bienveillance.

Le départ du tsar plongea le pays dans un profond désarroi.

Par deux fois, les messagers du peuple et de l'Église se rendirent auprès d'Ivan pour le prier de revenir.

Le Terrible finit par céder, mais posa des conditions drastiques à son retour. Il exigea en premier lieu de pouvoir châtier librement « tous les félons » et confisquer leurs biens sans que l'Église ne s'interpose. Se gardant de préciser s'il revenait ou non sur son abdication, il fit ensuite accepter la création, au sein de l'État moscovite, de deux subdivisions : la *zemchtchina*, où l'administration traditionnelle restait en place ; et l'*opritchnina*, domaine privé du tsar, placé sous une administration d'exception, où le monarque se réservait le droit d'exercer un pouvoir absolu. Chaque secteur était doté d'une cour séparée, d'une armée distincte, et même d'une capitale propre.

Le 2 février 1565, Ivan rentra finalement à Moscou. On eut peine à le reconnaître. En deux mois, il avait perdu presque tous ses cheveux. Son regard était trouble et fébrile. Ce jour-là, il donna l'ordre de bâtir un nouveau palais d'où il pourrait administrer personnellement son « domaine » à l'aide de sa police secrète. Forte de plusieurs milliers d'hommes, l'*opritchnina* allait rapidement se révéler une parfaite machine de répression ayant droit de vie et de mort sur chacun.

Ce véritable État dans l'État devint le synonyme d'une dictature sans limites et resta à jamais gravé dans les annales comme une sorte de « gigantesque machine policière ». Tels des anges de la mort, les « hommes du tsar » chevauchaient, revêtus de longs caftans noirs brochés d'or, un poignard effilé et une tête de chien coupée et asséchée suspendus à leur ceinturon. Ils faisaient respecter la loi du souverain ou son bon plaisir, se livrant aux pires crimes et atrocités.

Distincte du reste du territoire russe, qui demeurait sous la juridiction des boyards et des anciens fonctionnaires, l'*opritchnina* était composée des terres confisquées aux adversaires du tsar, des provinces les plus riches et des principales voies de communication. Dans Moscou même, Ivan s'appropria des quartiers entiers qu'il fit entourer de remparts. Tous ces domaines, qui finirent par représenter un tiers du pays, relevaient exclusivement du Kremlin.

Trois mois après son retour, Ivan le Terrible se retira avec ses favoris dans sa forteresse de bois cernée de douves et de fortifications. Les ambassadeurs étrangers relatèrent à l'époque :

« Si Satan avait voulu y inventer un fléau contre le genre humain, il n'aurait pas mieux réussi. »

Alexandre Vialatte, lui, en souligna plutôt le côté théâtral, « entre Guignol et Shakespeare ».

LA DÉBAUCHE

Ivan se chercha ensuite une nouvelle épouse dans des contrées plus lointaines. Il proposa ainsi le mariage à la reine Élisabeth d'Angleterre et attendit tout l'été 1570 une réponse favorable. La lettre que finit par lui adresser la souveraine n'évoquait cependant aucunement sa proposition, se contentant d'assurer au tsar qu'il serait le bienvenu en Angleterre s'il le souhaitait. Il entreprit alors de convaincre lady Hastings, une parente d'Élisabeth, de l'épouser. L'affaire faillit être conclue, mais la promise se rétracta dès qu'elle eut vent du sort qui était réservé aux femmes dont le Terrible se lassait.

Une de ses épouses éphémères, Maria Dolgorouki, avait suscité des doutes sur sa virginité pendant la nuit de noces. Le lendemain, Ivan fit atteler une carriole avec des chevaux nourris d'avoine gonflée de bière. Il invita sa jeune femme à y prendre place pour une promenade, puis fouetta violemment les chevaux. La voiture cahota sur quelques centaines de mètres avant de s'enfoncer dans un étang, noyant l'infortunée et ses fous coursiers. Un témoin anglais remarqua plus tard que, dans cet étang où périrent ainsi maints condamnés, les poissons étaient singulièrement gras et nombreux. Le tsar, d'ailleurs, en affectionnait particulièrement la dégustation…

Au Kremlin, les scènes de débauche étaient presque quotidiennes.

Une vaisselle d'or accompagnait des coupes d'argent ciselées. Mais ces raffinements esthétiques paraissaient dérisoires au regard des spectacles orgiaques qu'offraient ces agapes durant lesquelles Ivan et ses compagnons s'adonnaient couramment au viol et à la sodomie. On appela ainsi plus tard « dessert à la Ivan le Terrible » une femme dénudée, étendue sur la table du festin, et dont le corps, enduit de crème et de miel, était offert au tsar et à ses invités…

Nul ne pouvait sortir du domaine sans l'autorisation du souverain. Chaque jour, en compagnie de ses deux fils, Ivan sonnait les matines. Après l'office, un déjeuner était servi pour tous les fidèles. Le tsar ne participait pas lui-même à ces repas. Il demeurait debout, en présence de quelques familiers, et lisait à haute voix des litanies. On donnait aux mendiants les restes du déjeuner. Tard dans la nuit, la fête dégénérait en bacchanale où chacun devait porter un masque. Toujours armé d'une longue canne de bois dotée d'une pointe en acier, Ivan utilisait souvent ce pic pour tuer sur-le-champ quiconque l'avait offensé, y compris parmi ses proches[1].

Son passe-temps favori consistait à visiter les prisons, où il pratiquait lui-même les tortures[2]. Particulièrement inventif dans ce domaine, il empêchait les prisonniers de dormir en leur jetant sur le corps de l'eau bouillante ou glacée, pendant que ses sbires violaient leurs femmes ou leurs filles sous leurs yeux. Les dépouilles des suppliciés étaient ensuite exposées sur la place publique et finissaient dévorées par les chiens errants. D'autres étaient coupés en deux par la taille au moyen d'une corde fine.

Rien d'étonnant à ce que le tsar ait vu en tout et partout des présages funestes, croyant même parfois entendre sonner le glas à l'horloge du Kremlin.

1. Il tua ainsi son fils aîné, héritier du trône (voir les illustrations).

2. Des siècles plus tard, Staline annotera minutieusement les méthodes de torture d'Ivan le Terrible et fera même publier un manuel « technique » à l'usage de sa police secrète.

L'ART DE GOUVERNER

Soudain, tout aussi brusquement qu'elle avait commencé, la vague de terreur s'interrompit. En 1566, le tsar pardonna à de nombreux condamnés, rappela une partie des exilés et convoqua une assemblée de boyards[1].

Près de quatre cents « députés » représentant la noblesse, l'administration, les villes, l'Église et même la paysannerie furent réunis à Moscou pour exprimer « en toute liberté » leurs opinions sur les affaires publiques. Certains malheureux téméraires osèrent cependant critiquer la création de l'*opritchnina*. Le tsar les fit aussitôt liquider.

Et une nouvelle vague d'extermination, plus longue que la précédente, s'amorça. Les colères d'Ivan le Terrible n'épargnèrent personne : les boyards, bien sûr, mais aussi le métropolite, qui finit étranglé.

Officiellement, l'*opritchnina* cessa d'exister sept ans à peine après son institution, mais son nom continua des siècles durant d'être associé aux pires excès et de qualifier, dans le privé, les différents avatars de la police secrète qui se succédèrent.

En 1584, sentant sa fin proche, Ivan convoqua ses fidèles et exigea d'être porté jusqu'à la cathédrale de Basile-le-Bienheureux. Il aspirait une fois encore à contempler cette église insolite,

1. Le *zemski sobor* (états généraux).

surmontée de bulbes aux couleurs éclatantes. Mais sa vue se troubla, et il demanda qu'on le ramène chez lui.

Il se détendit peu à peu dans l'ambiance familière des pièces voûtées, sous le regard bienveillant des icônes nombreuses. Ses yeux se posèrent sur l'énorme dais de bois sculpté, garni d'émaux aux armes des provinces.

« Tant de provinces réunies… »

À qui iraient toutes ces richesses ? À son fils Fedor ? Il était si faible. Mais son vigoureux homme de l'ombre, Boris Godounov, était là pour veiller sur la Russie…

La férocité, la bouffonnerie d'Ivan le Terrible, sa manière de recourir à des tournures populaires – un peu dans le style des dialogues d'Audiard –, ont contribué à faire basculer le personnage historique dans la légende.

Son règne fut la première tentative en Russie pour instaurer un pouvoir absolu, en vue de constituer un État fort. En cela, Ivan IV demeure le prototype même de l'autocrate, dont l'image se refléta dans le miroir de l'histoire, cent cinquante ans plus tard, sous les traits de Pierre le Grand – certes, plus occidentaliste –, ou même, au siècle dernier, de Joseph Staline qui interpréta à sa façon l'héritage et les traditions du Terrible. Le seul regret que formula le dictateur rouge[1] fut que « ce tsar d'exception, empêché par son Dieu » ne soit pas allé jusqu'au bout de son entreprise.

Le successeur d'Ivan le Terrible, le prince héritier Fedor Ier, était considéré comme un simple d'esprit. C'était un homme doux et humble, qui avait vécu loin des crimes de son père, s'isolant sur les clochers, « bavardant avec les pigeons et les cigognes ». Comme il n'était guère enclin à prendre part au gouvernement de son pays, un grand conseil de régence fut constitué.

Boris Godounov, nommé « Premier boyard », dirigea bientôt la Russie.

1. Lors du fameux entretien qu'il accorda à Eisenstein et à Tcherkassov, évoqué dans les premières pages de ce livre.

Préserver la foi et l'âme de la Russie

BORIS GODOUNOV

D'origine tatare, Boris Godounov était un personnage à part. Doué d'une grande intelligence et d'aptitudes remarquables, il resta pourtant analphabète. Il signait en griffonnant une sorte d'étrange pictogramme qui ressemblait à un minuscule oiseau des champs (*godoune* signifie d'ailleurs en tatare « alouette »).

Il épousa la fille du chef de la police secrète d'Ivan le Terrible et fit une carrière politique vertigineuse. Ce fut ainsi qu'il réussit à passer sans accroc toute la période de la « grande terreur ». Pour consolider sa situation au sommet de l'État, Boris Godounov arrangea l'union de sa sœur au tsar. Il organisa lui-même la cérémonie de présentation des fiancées, mais Fedor, timide, refusa de s'y rendre. Qu'à cela ne tienne : Godounov décréta d'autorité que le jeune souverain s'était prononcé en faveur de sa sœur.

À vrai dire, Fedor ne s'intéressa jamais à son épouse. Le pauvre homme continuait de cavaler dans les cours, s'amusant à sonner les cloches, tandis que son beau-frère, en sa qualité de « Premier boyard », administrait les affaires de l'État...

Par son habile diplomatie, Boris Godounov obtint que soient réunis les deux pôles de l'esprit byzantin : le tsar et le patriarche. Mais un drame survint, jetant une ombre sur cette période : le prince Dimitri, fils cadet d'Ivan le Terrible, seul survivant mâle de la famille régnante, mourut égorgé. Immédiatement, de vilains bruits commencèrent à courir à ce sujet. Godounov était-il le commanditaire de cet assassinat qui, objectivement, le servait ? Quoi qu'il en ait été, Dimitri étant mort et Fedor n'ayant pas d'enfants, la dynastie était condamnée à disparaître et à laisser le trône vacant.

Le tsar succomba à son tour en 1598. Boris Godounov organisa l'élection d'un nouveau souverain, et le patriarche proposa immédiatement la candidature du « Premier boyard ».

Après avoir assisté à une messe grandiose, la foule partit en direction d'une communauté religieuse où s'était retirée la veuve de Fedor. Les pèlerins avaient reçu l'ordre de tomber à genoux dès leur arrivée devant le couvent et de se mettre à pleurer et à se lamenter, afin de prouver à la tsarine la profondeur de leur affection.

Le patriarche fit une entrée solennelle dans l'établissement, puis, désignant la foule, dit à la souveraine :

« Regarde ton peuple ! Il te supplie de demander aux boyards d'élire comme tsar ton frère, Boris... »

La tsarine consentit à s'adresser au *zemski sobor* convoqué à cet effet, et Boris Godounov fut élu tsar de toutes les Russies.

Mais la fête à peine terminée, la grande noblesse se mit à ourdir une série de complots. Reprochant à Godounov son manque de légitimité en raison de ses origines tatares, les conjurés firent courir le bruit selon lequel il avait réussi à s'emparer du trône à la suite du meurtre de Dimitri.

En 1604, une terrible nouvelle tomba : des détachements polonais venaient de franchir la frontière, conduits par un homme redoutable qui affirmait être le tsarévitch Dimitri et déclarait avoir échappé aux soldats envoyés pour l'assassiner.

Avec ce prétendant inopiné au trône, une nouvelle grande aventure du roman des tsars commençait.

DES « FAUX TSARS »

La période de désordre, d'incertitudes politiques et d'affaiblissement du pouvoir du tsar, qui débuta sous l'administration de Boris Godounov et culmina avant l'élection de Michel Romanov, est qualifiée par les Russes de « temps des troubles ». Elle a été glorifiée par le chef-d'œuvre de Pouchkine, *Boris Godounov*, et par l'opéra du même nom de Moussorgski.

Ce fut à cette époque que se manifesta toute une pléiade d'imposteurs ou de « faux tsars »[1]. Le faux Dimitri en est la figure emblématique.

Au tout début du XVIIe siècle, un énigmatique moine de taille moyenne, au visage lunaire et aux pommettes saillantes, apparut en Ukraine. Il venait du prestigieux monastère Tchoudov, haut lieu de spiritualité russe. Il descendait d'une famille de la petite noblesse et s'était fait moine sous le nom de Grigori après la mort prématurée de son père.

Ce jeune homme aurait sans doute pu faire une grande carrière ecclésiastique, mais le spectacle de la tragédie de ces temps troublés le propulsa vers un autre destin.

Parcourant le pays de monastère en monastère, il parvint jusqu'en Pologne où il fut remarqué pour son intelligence brillante, son éloquence naturelle et son sens de la diplomatie. Doué pour les

1. On a pu en recenser au moins une vingtaine.

langues, il apprit le polonais et le lituanien, et entra au service d'un prince polonais.

Un jour qu'il se trouvait alité, malade, il confia à son confesseur qu'il était en réalité le fils d'Ivan le Terrible et qu'il avait miraculeusement échappé à ses assassins. Ce fut alors qu'on le présenta à des membres de l'aristocratie polonaise, au nombre desquels figurait le comte Mniszek.

Lors d'un séjour chez les Mniszek, Grigori tomba éperdument amoureux de Marina, la sublime fille du comte. Ce dernier entrevit aussitôt les perspectives qui pourraient s'ouvrir à lui s'il savait tirer parti de la présence de ce personnage ambigu. Et bien que sa fille ne fût nullement éprise de ce tsarévitch providentiel, son père entreprit de l'en convaincre.

Cela créait une opportunité pour nouer une relation privilégiée avec le roi de Pologne, Sigismond III. Le comte introduisit donc le faux Dimitri auprès de son souverain qui décida de le soutenir dans la reconquête du trône des tsars en levant et en finançant une armée.

Cette aventure tombait à pic. Les Polonais y virent d'emblée le moyen de prendre leur revanche sur les Russes temporairement affaiblis ; et les nobles moscovites, qui cherchaient à éliminer le tsar Boris Godounov depuis que celui-ci avait porté atteinte à leurs privilèges, y souscrivirent sans se faire prier. Si le faux tsar fut « mijoté dans un four polonais », il fut assurément « pétri à Moscou ».

Une formidable mutation psychologique s'opéra alors chez Grigori-Dimitri. L'ancien moine joua son rôle avec tant de brio qu'il sembla à la fin croire lui-même à sa mystification.

En octobre 1604, il entra en Russie à la tête d'une troupe hétéroclite de mille cinq cents hommes, où se côtoyaient Polonais aguerris, soldats de fortune et aventuriers divers. Ces forces composites réussirent à progresser assez rapidement vers l'est, car le tsar était politiquement et militairement fragilisé. La mort subite de Boris Godounov changea définitivement la donne, ouvrant toute grande la route de Moscou à Dimitri.

Quelques jours plus tard, notre homme pénétrait dans la capitale par la porte du Sauveur. Il se dirigea immédiatement vers le Kremlin où, avec une grande solennité, il alla se recueillir devant le tombeau d'Ivan le Terrible.

Les bannières portées par le clergé flottaient au vent, cependant que le timbre des trompettes se mêlait aux actions de grâces chantées par les chœurs de la cathédrale. Peu après, Dimitri fit déterrer la dépouille de Boris Godounov, ce « tsar félon », et l'envoya rejoindre les cadavres de sa femme et de son fils, étranglés quelques jours auparavant dans le couvent où ils avaient trouvé refuge.

Mais l'incontestable talent pour la mise en scène du faux Dimitri fut porté à son apogée lorsqu'il traversa Moscou sur un cheval blanc, vêtu d'un costume tissé de fils d'or rehaussé de pierres précieuses. Il avait au préalable pris soin de faire venir sa « mère » près de lui, avait accompagné à pied son carrosse jusqu'à la capitale où tous deux, acclamés par une foule en liesse, avaient fait une entrée triomphale. La veuve d'Ivan le Terrible, devenue religieuse sous le nom de Martha, joua son rôle à la perfection. Devant des milliers de personnes, entourée des dignitaires de l'Église, elle « reconnut » son enfant et le serra longuement dans ses bras. Avait-elle, en son for intérieur, démasqué le jeune homme ? Se prêta-t-elle au jeu pour se venger des humiliations qu'elle avait subies après la mort de son époux ? Quelle qu'ait été la réponse, elle estima sans doute tenir là sa revanche.

La population vit dans le retour de celui qu'elle prenait pour le tsar légitime un véritable miracle.

Mais Dimitri se mit à gouverner d'une manière peu habituelle aux souverains russes, n'observant ni les traditions ni le protocole. Dans une lettre qu'il adressa au peuple moscovite, il déclara qu'il « ne voulait gêner personne » et que « [son] royaume [devait être] libre en tout », ajoutant : « Je veux enrichir mon État grâce au commerce. »

Le mirage ne dura que quelques semaines. Les Polonais installés dans la capitale russe s'opposèrent bientôt aux notables moscovites, et les Russes se mirent à haïr les envahisseurs étrangers. Pis encore, les clans de boyards intensifièrent leurs manœuvres contre le faux Dimitri.

Le 26 mai 1606, au petit matin, le jeune tsar et sa femme furent réveillés par le vacarme des cloches. Une troupe commandée par des boyards venait d'entrer à Moscou. Le faux Dimitri fut vite attrapé et aussitôt mis à mort. Son corps fut déchiqueté, promené à travers la ville, puis brûlé. On chargea ses cendres dans un canon que l'on tira symboliquement « vers l'Occident, d'où il [était] venu »...

Le fantôme de Dimitri hante-t-il encore la Russie ? En tout état de cause, les historiens actuels rechignent à le considérer comme un simple imposteur au service des Polonais. Son profil psychologique est plus complexe. D'abord parce qu'il crut fermement qu'il était le fils d'Ivan le Terrible ; ensuite parce qu'il se révéla, comme souvent les tsars à sa suite, un équilibriste habile de paroles de nature à être interprétées différemment selon ses interlocuteurs, maniant avec subtilité l'ambiguïté et l'esquive. Enfin, parce qu'il s'efforça de gouverner ce rude pays dans un esprit de justice.

> Il existe deux façons de régner en Russie, écrivait-il : avec miséricorde et grandeur d'âme ou, comme d'habitude, avec sévérité, en versant le sang. J'ai promis à Dieu d'employer la première.

Le faux Dimitri assassiné, le prince Basile Chouïski, qui avait conduit le complot des boyards et bénéficiait de leur soutien sans réserve, lui succéda au Kremlin. L'État commença à se décomposer et les prétendants au trône se firent de plus en plus nombreux. Comble de tout, en 1610, le fils du roi de Pologne, Ladislas – un étranger, catholique de surcroît ! –, monta à son tour sur le trône de Russie pour régner dans un pays par excellence orthodoxe...

LE PREMIER ROMANOV

Dans cette situation tragique de convulsions et de menaces pour l'identité nationale, l'institution ecclésiale restait la seule force organisée fidèle aux grands desseins de la Russie. Mais l'Église pouvait aussi s'appuyer sur les forces vives du pays. Ce qu'Alexandre Soljenitsyne remarqua avec justesse :

> Pendant le « temps des troubles » du XVIIe siècle, nous étions un peuple particulièrement indépendant et entreprenant.

La Russie était alors en proie aux pires désordres. Venues des villages et des petits bourgs émergèrent pourtant bientôt des forces génératrices et salvatrices, qui libérèrent le pays et contribuèrent à bâtir un État solide. Avec le patriarche Hermogène à leur tête, elles prirent la direction d'un mouvement national qui aboutit en 1613.

De cette crise de décomposition, le sentiment national sortit renforcé, avec la pleine conscience de la nécessité d'un tsar autocrate, d'un État centralisé autant que stable et d'une Église puissante.

Les premiers Romanov durent affirmer leur légitimité en même temps que leur fidélité au passé et leur droit à la succession héréditaire. D'où la constitution d'un style national qui utilisait l'héritage populaire du Kremlin. Car déjà la classe des marchands, solidement établie à Moscou comme en province, cherchait, à l'instar des boyards du Kremlin, un nouveau mode de vie et manifestait un goût certain pour l'art. Les négociants se construisirent ainsi des palais de pierre ; leurs ateliers mirent au point la technique de l'émail translucide. Ils encouragèrent également la représentation d'icônes.

Marquée par son héritage historique, la Russie devint d'une manière inattendue une des puissances montantes de l'Europe des XVIIe et XVIIIe siècles.

Le premier tsar de la dynastie, Michel Romanov, était issu, nous l'avons vu, d'une lignée effacée, promue par le mariage d'Ivan le Terrible avec Anastasia Romanov. Cette femme était restée un symbole de la période la plus éclatante du règne d'Ivan IV, au cours de laquelle l'irascible tsar, fort de nombreuses victoires, avait agrandi le royaume.

À peine âgé de seize ans, pâle, intimidé par l'assemblée des boyards en costume de cérémonie, Michel Romanov fut élu par le *zemski sobor*. Il avait longtemps hésité à accepter le sceptre : il connaissait si mal la Russie ! Le jeune homme n'était en effet presque jamais sorti du monastère[1] où, depuis sa plus tendre enfance, il vivait relégué avec sa mère.

Son père, Fedor, héritier d'une vieille famille de boyards qui avait contesté la légitimité du tsar Boris Godounov, avait quant à lui été contraint de se faire moine, sous le nom de Philarète.

Mais le plus intéressant des personnages de l'époque est sans conteste le deuxième souverain de la dynastie : Alexis Ier, fils de Michel, également proclamé tsar à l'âge de seize ans.

Trop jeune pour conduire les affaires de l'État, il plaça son précepteur, un dénommé Morozov, à la tête du gouvernement. D'une nature contemplative, le nouveau tsar allait entrer dans l'histoire russe sous le nom de « Très Paisible ». Morozov, au contraire, homme d'État éminent, mais intrigant et peu scrupuleux, comptait bien devenir une sorte de tsar en second. Et le meilleur moyen d'y parvenir était bien sûr de marier opportunément le prince Alexis. Comme le voulait la tradition, le vieux précepteur supervisa donc la présentation des candidates au trône et, afin de sceller

1. Le monastère Ipatiev, à Kostroma.

son alliance avec le jeune monarque, épousa la sœur de la tsarine. Alexis, du reste, aima tendrement sa femme, qui allait lui donner treize enfants.

Le règne d'Alexis s'ouvrit sur une grave crise financière que le gouvernement tenta de régler en doublant le prix du sel et en accroissant les taxes. Déjà accablée d'impôts, la population moscovite ne tarda guère à se révolter.

À cela s'ajouta une rumeur propre aux mœurs de l'époque : les boyards affirmaient que si la tsarine et sa sœur refusaient toujours d'être assistées aux bains par des servantes, la raison en était que « les orteils de leur pied gauche portaient la marque de Satan et étaient fourchus ». De fait, à la fin du mois de juin 1648, plus de cent mille personnes envahirent la place Rouge, réclamant de voir le pied gauche de la tsarine. Celle-ci parvint à s'enfuir *in extremis* par les souterrains du palais. Cerné par les émeutiers, Alexis, affolé, accepta de livrer à la foule quelques proches de son épouse. Les yeux remplis de larmes, il déclara :

« La dynastie des Romanov règne parce qu'elle a été élue par le peuple. Je vous donne solennellement la promesse, pour moi et mes descendants, que la Russie est et sera toujours le lieu d'où seront chassés les "ennemis du peuple". »

Les clameurs de la foule sont toujours si changeantes en Russie ! La vue de ce tsar âgé de dix-neuf ans à peine, à l'air si malheureux, émut les manifestants, qui se mirent alors à hurler :

« Longue vie à notre tsar bien-aimé, longue vie à la dynastie Romanov ! »

Ceux qui continuaient à proférer des menaces furent ligotés et livrés à la police par la populace elle-même. La surtaxe sur le sel fut supprimée et quelques favoris du tsar, contraints de s'éloigner du pouvoir.

À la suite de cette émeute, la tsarine supplia son époux de prendre des mesures afin d'apaiser le peuple – exactement comme le fera plus tard, au début du XXe siècle, la femme de Nicolas II.

Alexis convoqua donc un conseil extraordinaire en vue d'élaborer un nouveau code pénal[1]. Il défendait les intérêts des artisans, des marchands et des grands propriétaires terriens, mais non ceux des paysans asservis. Désormais, le serf était rattaché à la terre de son maître et ne pouvait plus la quitter. Les réformes, empruntées aux législations asiatiques, étaient d'une extrême sévérité.

Mais le pays, en définitive, resta arriéré. En 1657, la Russie ne possédait ni écoles ni universités ; seuls quelques prêtres enseignaient l'écriture. Et l'interdiction de sortir du territoire ne facilitait guère les études. En 1672, le tsar interdit aux gens de toutes classes de garder « ouvertement ou secrètement » des livres imprimés en latin ou en polonais :

« Il est inutile d'envoyer à Moscou de telles œuvres, puisque cette ville possède sa propre imprimerie », stipulait l'oukase qui précisait en outre que les ouvrages étrangers étaient « dangereux et contraires à la loi divine, parce qu'ils contiennent des chiffres... ».

1. Ce code, entré en vigueur l'année suivante, le resta jusqu'en 1835 !

LE SCHISME

C'est alors qu'apparut Nikita Nikon, fils de paysan, moine, pope marié, puis moine de nouveau, sans doute le personnage le plus surprenant de la Russie du XVIIe siècle. Reçu en audience par Alexis, il fit au tsar une telle impression que celui-ci le retint à Moscou. En 1652, le souverain nomma Nikon métropolite, avant de le faire élire patriarche de toutes les Russies.

Le tsar doux devint rapidement l'ombre du chef de l'Église et n'osa plus rien entreprendre sans être approuvé par son mentor. Il est vrai que le patriarche était une véritable force de la nature : il mesurait deux mètres, sa voix était puissante comme le tonnerre et sa détermination sans faille. Alexis, persuadé d'avoir gagné la guerre contre la Pologne grâce aux prières du religieux, ne lui refusa plus rien.

Ainsi lui accorda-t-il de convoquer un concile, afin de « réparer les erreurs liturgiques ». Pour Nikon, les modifications à apporter aux traductions russes des livres sacrés, jointes à une simplification des rites, étaient un moyen essentiel de mettre fin aux désaccords avec l'Église grecque, nés des inexactitudes et des écarts qui s'étaient glissés dans les pratiques moscovites.

Mais les débats ecclésiastiques allaient prendre une allure fanatique et sanglante.

Les Romanov ne se considéraient pas seulement comme les tsars de toutes les Russies, mais se tenaient pour les tsars de l'Orient orthodoxe tout entier. Si les adversaires de Nikon ne contestaient pas le caractère universel du souverain russe, ils réfutaient en revanche la nécessité d'aller chercher à l'étranger, auprès des Grecs, les sources de la véritable orthodoxie. Une bonne partie de la population s'opposa donc violemment à la réforme, y voyant une négation de la tradition et de la spécificité russes. Conduits par l'archiprêtre Avvakoum, ces contestataires formèrent le schisme (*raskol*) des vieux-croyants et, résolus à préserver le vieux rituel russe, entravèrent de toutes les façons possibles la réforme de l'Église. Des familles entières, refusant de renier leurs valeurs, furent ainsi envoyées au bûcher. Le schisme s'installa cependant durablement, et il existe toujours de nos jours.

Dans sa *Lettre au patriarche Pimène* de 1972, Alexandre Soljenitsyne a souligné la responsabilité historique de l'Église orthodoxe dans cette « Inquisition russe », ainsi que l'écrivain nommait la campagne de terreur qui fut menée contre les vieux-croyants. Il était convaincu que, jusqu'à cette période, l'Église avait défendu son indépendance spirituelle, et que le schisme avait constitué, « la lézarde fatale sur laquelle s'[était] exercé ensuite le gourdin de Pierre Ier, écrabouillant sans discernement nos mœurs et nos règles de vie ».

Sans doute, affronté à cette terrible déchirure dans la société, Alexis Romanov regretta-t-il alors d'avoir donné tant de pouvoir à son patriarche. Ce dernier en effet, prenant exemple sur l'Occident catholique, prônait désormais la supériorité de l'autorité spirituelle sur l'autorité temporelle. Ce que le souverain percevait à l'évidence comme une menace directe contre son propre pouvoir absolu.

Sur cette toile de fond, le tsar apprit la mort de sa femme. La tsarine Maria laissait à son époux ses enfants, les futurs Fedor III et Ivan V, ainsi que celle qui allait un jour devenir régente, leur sœur, la *tsarevna* Sophie.

L'ÂGE DE TRANSITION

Les règnes des deux premiers tsars de la dynastie Romanov, Michel (1613-1645) et Alexis (1645-1676), représentent une période charnière, une sorte d'« âge de transition ». En effet, si les mœurs du passé persistaient, un vent de renouveau, appelant les réformes que mettra en place Pierre le Grand, était déjà en gestation.

En attendant, après la mort de sa femme, Alexis s'enferma de plus en plus fréquemment dans sa petite chapelle. Sa santé déclina rapidement. Leur fils aîné, le tsarévitch Fedor, errait dans les cours du Kremlin, discutant avec ses seuls « amis », les chats ; son cadet, Ivan, « simple d'esprit », passait quant à lui le plus clair de son temps dans un fauteuil où il esquissait souvent quelques mouvements saccadés, comme pour attraper des mouches. Seule leur fille Sophie débordait de vitalité, affichant un intérêt croissant pour la politique.

Le nouveau mariage du tsar allait cependant changer radicalement l'ambiance à la cour moscovite…

Tandis que chaque boyard s'affairait à apprêter sa fille en vue de la grande présentation, espérant que le souverain choisirait la sienne, Alexis avait déjà jeté son dévolu sur Nathalie Narychkine.

Toutefois, le patriarche contesta vivement cette décision, car Nathalie était la fille d'un fonctionnaire des Affaires étrangères sans fortune et d'une Écossaise russifiée : un Romanov ne pouvait épouser une demi-étrangère ! Nikon céda finalement, non sans avoir obtenu d'Alexis la promesse que la future tsarine se préparerait au mariage « dans la véritable foi de l'Église orthodoxe » et le prendrait, lui, le patriarche de toutes les Russies, pour unique confesseur.

Un vent de joie et de jeunesse souffla dès lors à Moscou. Nathalie n'était pas une beauté, mais son caractère rieur, son esprit vif la rendaient charmante. Désormais, les palais des Romanov résonnaient des airs populaires russes et écossais, qu'elle chantait en s'accompagnant à la cithare. Pour le plaisir d'Alexis, elle dansait aussi remarquablement.

À la Cour, chez les princes et les nobles fortunés, les fêtes devinrent fastueuses ; les étrangers de passage admiraient la splendeur des uniformes, la beauté des bijoux, la foule des domestiques. Mais tout cela n'était que le devant de la scène. Les coulisses se révélaient moins brillantes : le nécessaire manquait souvent. Les gens chamarrés d'or et de décorations ne portaient pas de chemises, ainsi que l'assura un diplomate. Si les salons étaient luxueux, les chambres d'habitation n'étaient que de misérables réduits. Soixante ans plus tard, la future impératrice Catherine II logeait encore dans un taudis rempli de vermines de toute espèce, où « l'eau coul[ait] des lambris », écrivait-elle. Canapés crevés, tables boiteuses, fauteuils bancals, tapis en lambeaux : voilà à quoi se résumait tout le mobilier privé !

La nouvelle tsarine, qui avait été élevée dans la famille d'un boyard occidentaliste[1] dont la demeure était meublée à l'européenne, initia la cour des Romanov aux distractions occidentales. Ainsi y fut créé le premier théâtre, dans lequel danses et concerts animaient plaisamment les interminables soirées de l'hiver moscovite.

Alexis Romanov était un fin lettré ; il lisait beaucoup, écrivait des lettres brillantes, se passionnait pour l'histoire et le théâtre. Le 17 octobre 1672, il avait pu applaudir pour la première fois, avec toute la Cour, la comédie tragique d'Esther, jouée en allemand

1. Artamon Matveev.

par les étrangers qui résidaient à Moscou : le spectacle dura… dix heures d'affilée !

Le souverain avait en outre fait édifier au Kremlin un palais de divertissement doté d'une scène où l'on donnait des tragédies, complétées par des ballets. Les spectacles commençaient d'ordinaire à 5 heures du soir et se terminaient à 3 heures du matin. À sa mort, la salle de spectacle fut fermée, mais les notables moscovites[1] créèrent leurs propres théâtres, dans l'intimité de leurs palais.

Le tsar Alexis marqua ainsi une transition, une sorte de trait d'union entre le passé moscovite et la modernité occidentale. Il souhaitait engager un certain nombre de réformes et envoya à cet effet son ambassadeur, Pierre Potemkine, étudier les traditions occidentales. Le diplomate chevronné rapporta dans ses dépêches secrètes que « les mœurs françaises n'[étaient] pas bonnes pour les chrétiens » et que les Espagnols étaient des « tziganes déguisés ». Alexis, prudent, n'osa pas bouleverser de manière radicale la vie sévère de la Cour.

En dépit des efforts de la tsarine, les habitudes restèrent donc très rétrogrades. En Russie, les femmes ne jouissaient d'aucune autonomie dans leur famille. Elles ne sortaient que pour aller chez leurs parents ou à l'église, où elles étaient séparées des hommes. Cette société masculine, misogyne et rustique était de plus corrompue par la vodka, omniprésente à tous les repas.

Les mariages étaient prématurés : l'homme y était tenu dès l'âge de quatorze ans ; la femme, à partir de douze ans. Tout était arrangé par les parents, et les époux ne se découvraient que le jour de leurs noces.

Les filles et les sœurs des tsars ne pouvaient épouser des Russes, d'une condition inférieure à la leur. Elles vagabondaient donc dans les palais, s'adonnant aux intrigues pour tromper la vacuité de leur existence.

Sur cette toile de fond, le patriarche Nikon ne se souciait guère de ces considérations sur les traditions russes, et persévérait dans

1. En particulier les princes Dolgorouki, Cheremetiev et Golitsyne.

ses certitudes. En plein milieu d'un office religieux, ivre de rage, il déchira un ouvrage de liturgie ancienne et le jeta à terre en vociférant : « Ce livre est l'œuvre de Satan ! »

Nikon ne retrouvait son calme qu'aux côtés de la jeune tsarine, qui venait souvent s'entretenir avec son confesseur de divers sujets religieux. Si le tsar se réjouissait de voir sa femme tenter de sauver son âme auprès de ce « saint homme », son entourage regardait ces rendez-vous fréquents d'un autre œil. Et les ennemis du patriarche ne se gênaient pas pour souligner son tempérament fougueux.

Aussi les relations de l'auguste mari et du confesseur devinrent-elles extrêmement tendues. Et lassé de cet ami trop radical et trop influent, le tsar changea d'attitude à son égard. Nikon dut renoncer au patriarcat, puis fut exilé dans un lointain monastère.

En 1672, la tsarine mit au monde un vigoureux enfant prénommé Pierre. Il allait devenir une véritable force de la nature et régner avec éclat et fermeté sur la Russie, sous le nom de Pierre le Grand. Dès son enfance, le garçonnet fut entouré d'objets venant de l'étranger, hérités de la famille de sa mère. Dans sa chambre se trouvaient des boîtes à musique, de petites et de grandes cymbales fabriquées en Allemagne, ainsi qu'un clavecin. Avec les années, la pièce se remplit d'objets ayant trait à l'art militaire. On pouvait y voir tout un arsenal, dont une collection complète de fusils de bois venus de Hollande.

Alexis Romanov mourut en 1676. Grâce aux victoires[1] de ce tsar paisible, la Russie était devenue une grande puissance.

Le défunt avait laissé de nombreux héritiers : deux fils et six filles du premier lit, un fils et deux filles du second. La succession s'avérait compliquée, car la famille était divisée en deux branches selon l'origine des tsarines[2] et aucune loi successorale n'avait été établie.

---

1. Notamment sur la Pologne, qui lui céda l'Ukraine orientale (Kiev) et Smolensk.

2. Les Miloslavski et les Narychkine.

Si les filles du premier mariage débordaient de santé et d'énergie, les fils, Fedor et Ivan, étaient souffreteux. En revanche, le petit Pierre, l'enfant de Nathalie Narychkine, la seconde épouse du tsar, était un garçon solide et intelligent.

Mais le puissant clan des Miloslavski résolut de faire monter Fedor sur le trône. Le jeune tsar avait certes reçu une excellente éducation grâce à son précepteur Siméon, qui lui avait inculqué l'amour des sciences, la connaissance des mathématiques et de plusieurs langues étrangères, y compris le latin. Cependant, une maladie incurable le tenait faible, le rendant à peine capable de se mouvoir.

LE TEMPS INCERTAIN

Derrière ce tsar amoindri se profilait la plus ambitieuse de ses sœurs, Sophie, qui avait seulement six ans de moins que sa marâtre Nathalie. Débordante d'énergie, elle affectionnait particulièrement la volupté des neiges moscovites.

La jeune femme aimait accompagner ses amis dans leurs courses à travers la ville ou faire des promenades en traîneau, en tête à tête avec son « tendre ami », le prince Golitsyne. Les plus beaux équipages se donnaient rendez-vous aux abords des murs du Kremlin. D'une file à l'autre, les gens se saluaient, échangeaient un appel, un signe de la main au passage.

La voiture de la *tsarevna* était attelée de trotteurs nerveux conduits par des cochers énormes, aux houppelandes rouges ou ocre. Mais en ce jour solennel on croisait aussi d'humbles traîneaux, des calèches montées sur patins, de petites caisses emportées à vive allure par un cheval à la crinière de flammes noires. Le vent sifflait aux oreilles de Sophie. Quel serait son avenir à la cour des tsars ? Les yeux mouillés, le nez gelé, les pieds au chaud dans une chancelière de peau d'ours, une pelisse de velours doublée de zibeline la protégeant jusqu'au menton, elle se sentait envahie par sa fameuse et légendaire joie de vivre, renforcée par son ambition sans limites.

Les troïkas cherchaient à se dépasser dans le tintement allègre des clochettes. Les cochers se tenaient raides sur leur siège, les bras tendus, une éponge de neige en guise de barbe. Tout le monde se dirigeait vers le Kremlin. Sur la place Rouge, les sabots des chevaux pataugeaient dans la boue mélangée à la neige mouillée.

Des milliers de moines, venus de tous les coins du pays pour assister au couronnement du fils aîné d'Alexis, s'enfonçaient dans la neige jusqu'aux chevilles.

Âgé de quinze ans, le chétif Fedor avait grand mal à supporter le poids des attributs impériaux. Pendant que le futur tsar ajustait son col royal, le prince Golitsyne, qui portait la couronne, eut l'idée saugrenue de la poser sur sa propre tête. Un vieux boyard à la stature imposante s'avança vers l'impudent et lui dit :

« Eh bien, sais-tu que ce geste est un crime de lèse-majesté et que tu pourrais bien le payer de ta tête ? »

Golitsyne ne répondit point et jeta un regard vers sa « tsarine Sophie », qui souriait. Elle n'était pas la seule, d'ailleurs, à s'en amuser, car ceux qui avaient remarqué la scène connaissaient leur complicité et savaient que chaque nuit le prince gagnait la maison de la jeune femme pour n'en sortir qu'au petit matin.

Durant son court règne, Fedor III tenta de réhabiliter le patriarche déchu Nikon. Peu avant de mourir, il envoya à l'exilé un message dans son couvent de la mer Blanche, lui demandant de prier pour son âme et celle de son père et le rétablissant dans son titre de patriarche.

Nikon répondit sèchement :

> Je te pardonne à toi, Fedor. Quant à ton père, seul le Jugement dernier décidera ; nous nous rencontrerons lui et moi devant Dieu, et là, nous verrons !

Le retour en grâce de Nikon fit grand bruit dans le pays. Des opposants du nord de la Russie se jetèrent dans des brasiers avec leurs familles pour marquer leur attachement à l'ancienne Église. Leur chef spirituel, le protopope Avvakoum, donna l'exemple en s'immolant sur son bûcher aux côtés de sa femme et de ses enfants. Des milliers de vieux-croyants suivirent son exemple, et une odeur de chair brûlée se répandit jusqu'à la capitale.

La mort de Nikon quelques mois plus tard mit un terme à cette vague de suicides.

Le 27 avril 1682, Fedor Romanov, victime de violentes coliques, disparut à son tour.

Tsar à quinze ans, marié deux fois et mort à vingt et un ans, Fedor laissa néanmoins une trace dans l'histoire. Il fit changer le système de rangs dans l'armée, afin de privilégier l'avancement au mérite. Sous son règne, le code de la famille s'adoucit, mettant fin, notamment, à l'enfouissement des femmes adultères. Sur le plan géopolitique enfin, il assura une véritable percée de la Russie vers l'ouest. En 1681 fut en effet signé un accord avec la Turquie reconnaissant le protectorat russe sur Kiev et la rive gauche du Dniepr.

En ce doux printemps de 1682, la vie politique en Russie était plus rude que le climat ! Et la succession chez les Romanov promettait encore d'être compliquée. Depuis longtemps déjà, deux clans s'opposaient au Kremlin : les nobles et les militaires, réunis autour de Sophie ; les Narychkine, autour de la tsarine Nathalie et de son fils Pierre. Le choix de Pierre comme héritier de Fedor paraissait naturel, car Ivan, frère cadet du défunt tsar, était simple d'esprit.

Mais Sophie ne l'entendait pas ainsi. Elle bénéficiait de surcroît du soutien des Streltsy, ces fantassins armés d'arquebuses, qui allaient devenir son principal dispositif de lutte pour le pouvoir. Consciente de sa position de force, cette femme volontaire et habile prit alors la tête d'un véritable coup d'État visant à placer son frère Ivan sur le trône, ce qui du même coup lui assurait la régence.

Elle avait vingt-cinq ans et en paraissait le double. Le consul français La Neuville en a laissé un sombre portrait :

> [Elle était] affligée d'un corps d'une grosseur monstrueuse, avec une tête large comme un boisseau, du poil au visage et des ulcères aux jambes.

Le glas des quatre-vingts églises de Moscou retentit longuement, remplissant de ses notes funèbres la cathédrale où l'on célébrait les funérailles du jeune tsar. Faisant entrave au protocole, Sophie avait suivi le cercueil en sanglotant et en s'arrachant les cheveux.

LE COUP DE DÉS

À la sortie de l'office, Sophie lança un appel au peuple :

« Notre tsar a été empoisonné par nos ennemis. Notre frère Ivan n'a pas été choisi pour régner. Nous ne sommes plus que de pauvres orphelins. Accordez-nous la vie et laissez-nous partir en terre étrangère chez les rois chrétiens ! »

Le 15 mai 1682, une foule épouvantée se massa sur la place Rouge, regardant la coterie des Miloslavski entrer dans le palais où s'étaient réunis les partisans de Pierre et de sa mère.

« Voici la liste des canailles que nous avons décidé de supprimer, crièrent-ils. À toi, tsarine Nathalie, et à ton fils, nous ne ferons aucun mal, mais il faut que nous trouvions les traîtres à notre religion orthodoxe chrétienne. Sinon pas une pierre de ce palais ne subsistera, et vous serez tous pendus comme des chiens ! »

Une escouade de la Garde se rangea sur le perron. La liste des condamnés fut énoncée et vingt-cinq personnes furent immédiatement appréhendées, empalées et sabrées.

Ahuri, Pierre dut assister à cet horrible massacre. Un des hommes piqua sa lance dans une tête qui roulait près de lui et se tourna vers le petit garçon, qui n'avait alors que dix ans :

« Regarde bien cette tête », vociféra-t-il à l'adresse de l'enfant horrifié, qui fermait les yeux, « c'est celle de ton oncle, cette canaille ! »

L'officier osa saisir Pierre par l'oreille, le traîna, malgré les cris de sa mère, vers les cadavres mutilés et le fit tomber sur le corps de son oncle, cependant qu'on massacrait encore une cinquantaine de personnes. Le jeune garçon, tétanisé, parvint pourtant à se relever et courut se blottir dans les bras de sa mère, tremblant de tout son être. Il ne pourra jamais plus chasser ce cauchemar de ses nuits et gardera ce tremblement nerveux toute sa vie.

La décision de placer Pierre sur le trône fut révisée. Fait sans précédent dans l'histoire de la dynastie des Romanov : la Russie allait avoir deux tsars !

La douma des boyards proclama Ivan « premier tsar », tandis que son demi-frère Pierre recevait le titre de « second tsar ». La régence fut confiée à Sophie. Elle triomphait enfin.

L'ÉTOILE DE SOPHIE

Le 25 juin, les deux Romanov furent couronnés sous les noms d'Ivan V et de Pierre Ier.

Pour tenter de sauver les apparences, Sophie commanda un «double trône». Les attributs impériaux furent portés par chacun à tour de rôle, et l'on fit confectionner à l'intention de Pierre une «seconde» chapka de Monomaque[1], originale par sa forme, mais considérablement inférieure en valeur artistique. Doutant de la maturité des deux petits souverains, les boyards firent aménager, derrière les dossiers de ces trônes jumeaux entièrement en argent, une cachette pour leurs précepteurs (la régente allait cependant le plus souvent l'occuper).

Bien que Pierre eût été sacré cotsar, le clan des Narychkine fut tenu à l'écart des affaires de l'État. La tsarine Nathalie et son fils, contraints de quitter le Kremlin, allèrent donc habiter le palais d'Été, non loin de Moscou.

De temps en temps, les boyards venaient y chercher le garçon pour le présenter aux corps diplomatiques. Lors de ces audiences, Sophie soufflait, de sa cachette, par une petite ouverture dissimulée sous un tapis, les réponses aux questions insidieuses des

1. Il s'agit d'un couvre-chef orné d'une croix en or, décoré de pierres précieuses et de fourrure de zibeline, d'un poids de 698 grammes. Selon la légende, le tsar de Kiev, Vladimir Monomaque, la reçut au XIIe siècle de son grand-père maternel, l'empereur byzantin Constantin Monomaque. Depuis lors, et jusqu'au XVIIIe siècle, chaque tsar russe était couronné de cette chapka.

diplomates, souvent étonnés par la sagesse de l'enfant. Voici comment un ambassadeur polonais décrivit une de ces cérémonies des plus insolites :

> Le tsar Pierre, âgé de dix ans, très grand pour son âge, nous regardait de ses yeux tristes et curieux, en agitant nerveusement sa tête ; on dit que ce tic remonte au jour du coup d'État de sa demi-sœur Sophie, où les Streltsy menacèrent de l'assassiner. Le tsar Pierre voulut toucher la décoration du Lion et du Soleil que l'empereur de Perse avait offerte au ministre de Courlande, mais il en fut brutalement empêché par le chef de la police secrète, qui le prit par le bras et le pinça sans doute, car le jeune tsar rougit de colère et de douleur.
>
> Quant à Ivan, c'était un curieux tsar qui restait constamment immobile, les yeux tournés vers le plafond ; il ne fit qu'un mouvement brusque pour capturer une mouche et pour rattraper sa couronne qui manqua de tomber. Ce fut Pierre qui sauta de son trône et la lui remit sur la tête…

Sophie nomma son amant, le prince Golitsyne, chancelier et commandant en chef des armées. Fin et cultivé, cet homme vigoureux se rendit vite compte de la faiblesse militaire du pays et réorganisa complètement les forces combattantes. Se souvenant de la vaillance des Cosaques zaporogues, il transforma leurs fiefs en districts militaires.

La régente se posait en « véritable maître » de la Russie. (Avant elle, seules deux femmes avaient gouverné le pays : la princesse Olga, à Kiev, et Hélène Glinski, qui assura la régence durant l'enfance de son fils, le futur Ivan le Terrible.) Pour la première fois, une Romanov, et de surcroît une femme non mariée, détenait le pouvoir suprême. Polonophile et occidentaliste, Sophie fit tout pour concilier Moscou et Varsovie, cherchant à entrer dans la Sainte Ligue constituée par la Pologne, l'Autriche, la Hongrie et Venise, et à la rejoindre dans sa lutte sans merci contre les Turcs.

Le consul français La Neuville et Voltaire même ont fait de la *tsarevna* un nouveau Caligula. Pourtant, des historiens plus pertinents[1] l'ont vue comme «une des plus grandes femmes qui aient paru sur la scène du monde». Moeri écrivit également en 1732 :

> C'était une fille d'un mérite extraordinaire et d'un esprit des plus déliés, des plus fins et des plus politiques, quoique dans un corps des plus disgracieux.

De fait, Sophie ramena le calme dans le pays agité, mata l'opposition, conclut des accords avantageux avec la Pologne. Mais elle eut la légèreté de pousser son amant à la tête des armées pour conduire les deux campagnes de Crimée, qui furent sanctionnées par des échecs mémorables.

1. Comme Nikolaï Karamzin.

« Marquant toutes choses de son sceau[1] »

1. Alexandre Pouchkine.

LES UNIVERSITÉS DU TSAR

À la mort du tsar Alexis, son successeur, Fedor, avait insisté pour que son demi-frère Pierre bénéficie d'un excellent précepteur :

« Un homme craignant Dieu, bien instruit, et surtout pas un ivrogne ! »

On chercha longtemps l'oiseau rare, et l'on finit par le dénicher au ministère des Contributions directes qui s'occupait essentiellement des recettes provenant du commerce de l'alcool : Nikita Zotov était un grand voyageur et un homme cultivé pour l'époque, mais à force d'avoisiner les buveurs de vodka, il était devenu au fil du temps un ivrogne invétéré.

Dans ses rares moments de sobriété, ce « professeur » apprenait à Pierre l'alphabet russe, l'Évangile, l'Ancien Testament, les chants liturgiques, des rudiments d'arithmétique et d'histoire. Mais le résultat de cette éducation aussi insolite que parcellaire ne fut guère probant. Le futur créateur de l'Empire russe ne pouvait écrire sa langue natale sans la truffer de fautes d'orthographe. On releva un jour quatre fautes dans un mot composé de trois lettres ! Pierre ne retint, dit-on, de ce qu'on lui avait enseigné que quelques cantiques. Il aima d'ailleurs toute sa vie chanter, de sa belle voix de basse, avec les chœurs des cathédrales.

Fils unique et tendrement choyé par sa mère, Pierre grandit très vite, trop vite peut-être, et devint un adolescent précoce. À douze ans, il était déjà un grand et beau garçon qui ne dédaignait pas l'alcool, que son précepteur lui avait appris à boire.

La tsarine douairière disposait d'une suite réduite, car le Kremlin ne lui accordait que de très maigres subsides. Mais les quelques femmes qui la servaient appréciaient beaucoup le jeune tsar. En effet, la boisson le rendait « sentimental » et lui faisait rechercher leur compagnie. Une très ancienne croyance russe attribuait aux attouchements du tsar des qualités thérapeutiques. Pierre usa pleinement de ses « pouvoirs de guérisseur », qui se terminaient par des éclats de rire dans les buissons ou sur les pelouses… Pour canaliser ces ardeurs, la tsarine Nathalie décida, dès qu'il eut seize ans, de marier son fils à une jeune fille du même âge[1] appartenant à une grande famille de boyards, sans même que l'intéressé n'ait vu sa future femme.

La cérémonie eut lieu au début de l'année 1689. La fiancée avait de grands yeux verts et une gorge imposante. Elle était belle, mais totalement insensible à son promis.

Pierre arriva avec beaucoup de retard : il avait passé la nuit dans le « faubourg allemand ». Depuis plusieurs années déjà, le tsar quittait en effet volontiers le palais pour jouir des plaisirs de la rue.

Pierre Ier était grand (il mesurait près de deux mètres !) et puissamment bâti. Ses cheveux noirs et bouclés (ils blanchiront de bonne heure), son teint basané mettaient en valeur des yeux en amande sous des sourcils bien dessinés. Le nez était un peu fort ; la bouche, voluptueuse, surmontée d'une fine moustache.

Son enfance, sa jeunesse furent tumultueuses. Il aimait à parcourir les foires et les lieux de distraction publics. Il y recherchait certes la compagnie des filles d'auberge, mais il y recrutait surtout de robustes et intrépides jeunes gens dans le dessein de se constituer une garde personnelle. Il les groupa en « régiments de jeu », comme s'il s'était agi de compagnons de plaisir et non de soldats. N'ayant pas assez d'argent pour acheter l'équipement nécessaire à

1. Eudoxie Lopoukhine.

ses amis, il soudoya les gardiens de l'arsenal du Kremlin et réussit à s'y procurer tout ce dont sa garde avait besoin.

Depuis son plus jeune âge, Pierre était intrigué par le « faubourg des Allemands » ou « faubourg des étrangers » dont il voyait les maisons proprettes en brique et les jardins ombragés. À vrai dire, ce périmètre était une sorte de ghetto : en vertu d'un oukase de son grand-père, le tsar Michel, les ressortissants étrangers n'avaient pas le droit d'habiter ailleurs. Le jeune homme se rendait fréquemment dans ce quartier de Moscou au cours de ses pérégrinations. Si les Russes se contentaient de passer leurs soirées à boire jusqu'à ce que tout le monde ronflât, les immigrés, eux, prisaient les échanges sur le monde, ses hommes d'État, ses savants et ses guerriers. À travers cette liberté, Pierre se forgeait de nouvelles relations.

Agacé par les vieilles traditions, les mœurs et les usages rétrogrades de la Russie de son temps, le tsar fréquentait de plus en plus les Européens établis dans la capitale. Il était souvent l'hôte d'un Écossais, Patrick Gordon, et d'un Suisse, François Lefort. Il avait promu l'un général, et l'autre cumulait par sa volonté les grades de général et d'amiral. Tous deux pesèrent notoirement dans les premières années du règne de Pierre. Le premier joua un rôle décisif à ses côtés pendant les troubles de 1689 qui aboutirent à la déposition de la régente et l'accompagna sur la mer Blanche en 1694. Le second, qui avait aussi été de ce dernier voyage, prit part à toutes les expéditions ultérieures.

Arrivé à Moscou sous le règne d'Alexis, Lefort avait fait carrière dans l'armée. Ce bon vivant, grand trousseur de jupons, resta jusqu'à sa mort l'un des hommes les plus proches de Pierre Ier. Presque aussi imposant que le tsar, avec de plus larges épaules encore, un long nez pointu et des yeux pétillants, François Lefort était beau. Il avait à l'époque trente-quatre ans. Le tsar fréquentait assidûment la maison de son ami, située vis-à-vis de sa résidence, où avaient lieu de véritables orgies.

Si Patrick Gordon prodiguait à Pierre des avis judicieux et de sages conseils, François Lefort lui apportait la gaieté, l'amitié et la compréhension. Le jeune souverain se détendait en sa compagnie.

Lorsqu'il entrait dans une de ses colères légendaires et brisait tout autour de lui, Lefort était le seul à pouvoir l'agripper par le bras et à le contenir jusqu'à ce qu'il se calmât.

Sans doute le tsar était-il sensible au fait que son ami fût totalement désintéressé. Il appréciait sa franchise, sa droiture et sa générosité. La promotion de ce compagnon hors pair allait d'ailleurs se révéler fulgurante. Pierre lui offrit un palais avec les fonds nécessaires à son entretien, puis le fit ambassadeur.

Ce fut en outre chez Lefort que le tsar rencontra sa future maîtresse en titre, Anna Mons.

LE PREMIER AMOUR

Cette Allemande aux cheveux de lin avait déjà été conquise par Lefort. Quand le tsar laissa voir qu'il s'intéressait à la blondeur, au rire hardi de cette fille « excessivement belle », le Suisse lui céda simplement sa place.

Anna plaisait à Pierre car elle pouvait lui tenir tête, qu'il s'agisse de boire autant que de plaisanter. La tendresse de la jeune femme à l'égard du tsar était avant tout stimulée par l'ambition. Pierre la couvrit de bijoux, lui offrit également un palais et un domaine à la campagne où s'organisaient souvent des fêtes gargantuesques.

Sans souci du protocole, il paraissait avec Anna en compagnie des grands boyards et de diplomates étrangers. Les banquets commençaient habituellement à midi pour ne s'achever qu'à l'aube. On s'interrompait entre les services pour fumer, jouer aux boules ou aux quilles, tirer à l'arc ou au mousquet. Les discours s'accompagnaient de sonneries de trompettes et même de salves d'artillerie. Lorsqu'il y avait un orchestre, Pierre jouait du tambour.

Danses et feux d'artifice animaient la soirée. Si l'un des convives était vaincu par le sommeil, il restait où il se trouvait et poursuivait son somme. Il n'était pas rare que la moitié de l'assistance ronflât. Parfois, ces réunions duraient deux ou trois jours, et les invités, couchés à même le sol, se relevaient pour avaler boissons et mets, puis retombaient dans leur torpeur béate.

On appelait ces orgies les « batailles avec Ivachka Khmelnitski ». Il faut y voir un jeu de mots : *khmel* voulant dire « alcool », il s'agissait de mesurer sa résistance à ce breuvage. Chacune de ces bravades se terminait souvent par la mort de plusieurs des participants. Il fallait une santé de fer pour passer par l'« épreuve de l'Hercule moscovite », comme la nommait François Lefort, qui consistait « à déboucher dix-huit bouteilles de vin et à débaucher dix-huit vierges »...

Ce fut sur la base de ces licencieuses agapes que Pierre organisa une « assemblée » constituée d'un collège de buveurs présidé par un « patriarche » suprême qui, dans le rituel orgiaque faisant référence au « mystère de Bacchus », raillait quelque peu l'Église orthodoxe. La conduite irrévérencieuse du tsar n'était pas faite pour le rapprocher du peuple, même si le « collège » suscitait l'hilarité et un intérêt amusé quand il parcourait les rues en cortège.

Ses contemporains ignoraient alors que ce jeune débauché allait vite se muer en un génial homme d'État, capable d'affronter les entreprises les plus difficiles, de les conduire à terme avec sérieux et obstination et de se consacrer entièrement au service de son pays, pour se lancer par la suite dans un vaste plan de réformes constructives.

En attendant, Eudoxie, l'épouse légitime du tsar, ne recevait guère la visite de son mari. On ne le voyait pas au palais des jours et parfois des semaines durant, car il vivait et dormait chez ses amis du « faubourg allemand ». S'il ne couchait pas chez Anna Mons ou chez une autre de ses maîtresses, c'était qu'il passait la nuit dans les maisons closes du quartier des étrangers, où il était notoirement connu sous le nom de « Herr Peter ».

Mais derrière ces folies tapageuses se profilait le grand Romanov. Outre ses amis du « faubourg des étrangers », Pierre avait réuni autour de lui une foule de « compagnons de jeu ». Il avait en effet, comme c'était alors l'usage, engagé à son service nombre de jeunes gens parmi les chambellans et les maîtres d'écurie des membres de la Cour. Puis, comme il n'était guère porté sur la chasse, il s'attacha des fauconniers et des gerfautiers, traditionnellement nombreux au Kremlin. Furent alors formées deux compagnies qui, à l'aide de volontaires nobles et même de serfs, se déployèrent en deux bataillons de trois cents hommes[1]. Si tout cela n'était au début que simulacre, le recrutement de ces compagnons se faisait néanmoins officiellement, à la chancellerie.

Et le divertissement, au fil des ans, se transforma en une véritable institution, avec ses cadres, son budget et son « trésor ». Pierre habilla ses recrues d'uniformes vert foncé, leur fournit un équipement complet, nomma « des officiers et des sous-officiers ». Presque journellement, le jeune tsar leur faisait exécuter des exercices dans le parc de sa résidence, passant lui-même par tous les degrés de la hiérarchie militaire.

Pour accoutumer ses hommes aux sièges et aux assauts, il fit construire sur les rives d'une petite rivière moscovite[2] une forteresse, le « fort de Presbourg », que l'on attaquait avec tous les procédés de l'art militaire.

Dans l'âme de Pierre se cachait une soif de revanche.

L'historien du XIXe siècle, Vassili Klioutchevski, sut l'expliquer :

> Homme bon par nature, Pierre, en tant que tsar, était un rustre qui n'avait l'habitude de respecter l'humanité ni à travers lui ni à travers autrui ; le milieu dans lequel il avait grandi ne pouvait lui inculquer ce respect. Son intelligence innée, les années, la position qu'il avait acquise, masquèrent par la suite cette insuffisance de sa jeunesse, qui refaisait parfois surface à l'âge adulte.

Le premier objectif du tsar allait être de doter le pays d'une flotte puissante qui devait, à terme, lui permettre de chasser les Turcs de la mer d'Azov. Il espérait ensuite libérer Constantinople et créer une brèche vers l'Orient à partir de la mer Noire. Il rêvait enfin d'« ouvrir une fenêtre sur l'Europe » et d'en obtenir un débouché sur la Baltique…

1. Les fameux régiments Preobrajenski et Semionovski.
2. La Yaouza.

LES VOYAGES À L'ÉTRANGER

Sous prétexte de susciter une croisade chrétienne contre les Turcs infidèles, Pierre Ier nomma une «ambassade», dont lui-même faisait partie, chargée de plaider cette cause auprès de plusieurs souverains. S'il se présenta sous sa propre identité devant les princes ou les rois à Königsberg, à Amsterdam, à Londres ou à Vienne, ce fut le plus souvent affublé du nom de Pierre Mikhaïlov ou de Peter Timmermans, et sous les apparences successives de simple soldat, d'ouvrier ou d'infirmier, qu'il tenta dans ces villes de «pénétrer les secrets des fabriques d'armes, des chantiers navals, des imprimeries et des hôpitaux étrangers». Ses aptitudes naturelles et sa force herculéenne lui valurent d'ailleurs de bons certificats de la part de ses employeurs occasionnels!

Pierre voyagea donc à travers l'Europe : de Riga, où les Russes furent mal accueillis, l'ambassade gagna la Courlande où elle fut fort bien reçue, puis le Brandebourg qui devint bientôt la Prusse, enfin la Hollande et l'Angleterre. Le tsar séjourna neuf mois dans ces derniers pays, passant le plus clair de son temps sur les chantiers navals.

Le jeune homme savait parfaitement pourquoi il était parti. Les innombrables lettres qu'il envoyait à Moscou de l'étranger portaient un cachet de cire représentant un charpentier de marine entouré d'armes et d'instruments de navigation, avec cette devise : «Car je suis au rang de l'élève, et j'exige que l'on m'instruise.»

Par la suite, dans le préambule du *Règlement de marine*, il précisa ainsi l'objectif de son voyage :

> Afin que ce domaine nouveau [la construction de la flotte] s'implantât pour toujours en Russie, le souverain conçut l'idée d'initier son peuple à cet art et, dans ce but, il envoya un très grand nombre d'hommes de noble naissance en Hollande et en d'autres États étudier l'architecture et la navigation.

Ses contemporains se montrèrent unanimes : par son séjour en Europe, Pierre avait fait la preuve de sa volonté de progrès, de son aspiration à passer « des ténèbres à la lumière ». Les uns, convaincus de la force et de l'intelligence du tsar, ne doutaient pas qu'il réussisse. D'autres étaient plus sceptiques. Carlo Ruzzini, diplomate vénitien, résuma leur point de vue :

> On ne saurait dire si les observations faites par le tsar au cours de son voyage et l'invitation faite à de nombreuses personnes de venir en Russie enseigner ses sujets et développer les métiers suffiront à transformer ce peuple. [...] Si l'esprit et la force de volonté du peuple étaient en rapport avec les dimensions gigantesques du tsar, la Moscovie serait une grande puissance.

Un siècle et demi plus tard, le célèbre historien anglais Thomas Macaulay vit cependant dans le voyage de Pierre Ier « une époque dans l'histoire non seulement de son pays, mais dans l'histoire mondiale ».

Le souverain russe séjourna donc à Saardam, en Hollande, où il fut engagé comme simple ouvrier et loua une petite chambre chez les parents d'un charpentier hollandais de Moscou. Le dimanche, il se rendait auprès des familles des techniciens hollandais qui travaillaient en Russie et qui l'avaient prié de visiter leurs proches. Vêtu de la veste rouge et du pantalon de toile blanche des ouvriers hollandais, le tsar croyait ainsi échapper à la curiosité des foules – mais il fut vite reconnu et suivi dans ses déplacements.

Le 7 août 1697, il quitta furtivement Saardam et gagna Amsterdam où il fut admis, grâce aux recommandations du bourgmestre, aux chantiers de la Compagnie hollandaise des Indes orientales. Il y œuvrait jour et nuit, étonnant tout le monde par sa maîtrise de la menuiserie et de la ferronnerie des bateaux. La Compagnie avait mis en chantier une frégate qui fut achevée en dix-huit semaines : un record! Mais Pierre s'intéressait avant tout aux plans des constructions portuaires.

Le bourgmestre, qui l'accompagnait dans ses entreprises, suivit avec lui les conférences du grand médecin Ruysch. Pierre assista même à plusieurs opérations chirurgicales. Visitant la salle d'anatomie, il aperçut la dépouille d'un enfant, se baissa et embrassa le cadavre, au grand étonnement de l'assistance. Comme sa suite déguisait mal son aversion, le tsar obligea tous les Russes à faire de même. Le docteur Boerhaave essaya de l'en dissuader en lui exposant la nocivité que pouvaient présenter les toxines cadavériques, mais Pierre ne l'écouta pas et déclara :

«Je veux faire de ces barbares des gens civilisés!»

Boerhaave observa après son départ :

«C'est un bien curieux personnage que ce tsar. Mais je ne voudrais pas être un de ses sujets. Je crains que son règne ne coûte très cher à la Russie.»

Avant son départ de Hollande, Pierre fut invité à Utrecht par Guillaume d'Orange, qui régnait alors sur le royaume d'Angleterre sous le nom de Guillaume III. Ayant appris que la construction des bateaux y était encore plus élaborée qu'en Hollande, le tsar, attentif à se perfectionner dans cet art, décida donc de se rendre en Angleterre. Aussi s'embarqua-t-il pour Deptford sur le meilleur yacht du souverain britannique.

À Londres, la Société royale des sciences l'invita à ses conférences. À Richmond, il étudia la fabrication des obus et des grenades. À Portsmouth, il inspecta les navires de guerre anglais et s'étonna du calibre des canons, de leur nombre, du poids des obus, etc. Tirant un carnet de sa poche, Pierre nota tout ce qu'il observait.

L'Amirauté organisa en son honneur une bataille navale près de l'île de Wight. Heureux comme un enfant, le tsar souhaita charger lui-même les canons du vaisseau sur lequel il se tenait. Lorsque l'amiral commandant la flotte vint lui dire qu'il pouvait faire ce qu'il voulait, Pierre lui sauta au cou et l'embrassa si fort qu'il lui cassa deux côtes ! L'amiral dut s'aliter, mais n'oublia jamais l'étreinte de l'ours russe. Pierre, quant à lui, n'oublia jamais la puissance de la flotte britannique.

LA GRANDE RÉVOLTE

En 1698, bien que cela impliquât pour lui de renoncer à son voyage à Venise, Pierre dut revenir précipitamment de Vienne pour écraser un nouveau soulèvement du régiment de la Garde[1], en faveur de sa demi-sœur Sophie.

De retour en Russie, et bien résolu à en finir une fois pour toutes avec ces révoltes, il fit une entrée triomphale à Moscou. Son frère Ivan l'accueillit au Kremlin et l'embrassa tendrement sur le perron Rouge.

Depuis l'année 1689 qui avait vu l'éloignement de Sophie, Pierre était le maître absolu de toutes les Russies. L'ancienne régente se morfondait dans un couvent sous le nom de Sœur Suzanne[2]; ses partisans les plus redoutables qui n'avaient pas été exécutés étaient en exil; et le cotsar éphémère Ivan s'occupait avec amour de ses filles, dont il n'était vraisemblablement pas le père. Sans doute Pierre allait-il gouverner ses États avec sa fougue juvénile et laver les défaites infligées par les Tatares. C'était en effet l'espoir de nombreux boyards et l'avis des diplomates :

> Comme le tsar a beaucoup d'intelligence et, en même temps, montre un goût prononcé pour le militaire, on attend de lui des actions héroïques, on prévoit le jour où les Tatares pourront être enfin contenus.

1. Les Streltsy.

2. Elle y mourut le 4 juillet 1704, à l'âge de quarante-six ans. Son amant, Vassili Golitsyne, décéda beaucoup plus tard en exil, oublié de tous.

Trompant pourtant cette attente unanime, le tsar avait laissé durant cinq ans le patriarche Joachim et la douma des boyards gouverner à leur guise. Lui-même n'avait alors d'intérêt que pour les jeux de guerre, la construction de navires, la navigation et… le « faubourg allemand ».

Mais la mise à l'écart définitive de Sophie et la punition sanglante infligée aux Streltsy allaient marquer le point de départ de réformes d'envergure.

LES PREMIÈRES BATAILLES

Ce ne fut qu'après la mort de sa mère bien-aimée que Pierre, à vingt-deux ans, prit au sérieux la charge qui lui incombait.

Pour commencer, il lui fallait vaincre ces Turcs de Crimée qui pratiquaient des incursions sauvages en territoire russe afin de s'approvisionner en esclaves des deux sexes, qu'ils vendaient à Constantinople. La mainmise sur leurs possessions des bords de la mer d'Azov ouvrirait de surcroît la voie de la mer Noire, favorisant ainsi de nouvelles relations commerciales.

Cependant, le baptême du feu se révéla décevant pour le jeune souverain. La place forte que constituait la ville d'Azov, ravitaillée par mer, demeurait inaccessible. Les Russes étaient experts en navigation fluviale, mais faute de mer navigable, ils n'avaient jamais eu de marine. Pierre Romanov en créa donc une.

En moins d'un an, trente vaisseaux et deux cents galères furent construits du côté de Voronej. Grâce à cette flotte servie par des marins d'eau douce, Azov fut pris, et bientôt les Turcs signèrent un traité de paix.

Dans le même temps, le cotsar Ivan, dont personne ne se souciait plus depuis longtemps, rendit sa pauvre âme à Dieu. Et voilà Pierre passant d'unique souverain en fait à unique tsar en titre.

Ces premières batailles lui avaient fait prendre conscience que la Russie, pour exister, devait être occidentale. Faute de quoi elle ne pouvait tout simplement être. Il fallait que le pays sorte de sa léthargie séculaire, rattrape son retard. Sans pour autant abandonner ses visées impériales, Pierre imposa donc aux boyards une occidentalisation forcenée, concrétisant les projets que lui avait inspirés son long voyage à travers cette Europe qu'il admirait chaque jour davantage.

Ce fut dans le sang qu'il mit fin, en premier lieu, à l'influence de la Garde qui avait menacé son pouvoir. Après quoi, grand réformateur, il supprima la douma des boyards, soumit l'Église à l'État et fonda des académies, afin de former la noblesse astreinte au service du pouvoir.

Puis il pénétra avec force dans la vie quotidienne des Russes, se heurtant aux traditions, aux superstitions, aux préjugés. Pourquoi s'acharnait-on à fêter en Russie la nouvelle année le 1er septembre, sous le prétexte invérifiable que le monde aurait été créé à cette date ? Désormais, l'année commencerait le 1er janvier, comme cela était l'usage en Occident. Des dispositions, secondaires en apparence, provoquèrent des rébellions ouvertes. Tous ces caftans, ces robes tombant jusqu'à terre, ces barbes à peine moins longues ! Ordre fut donné aux citadins, à tous les nobles et les boyards, de se couper la barbe, de ne plus se vêtir que de culottes et d'habits, de ne plus se chausser que de souliers à boucles et, s'ils tenaient aux bottes, qu'elles fussent du moins à l'européenne.

Pierre avait un jour déclaré à ses amis être « comme le sculpteur qui, ayant extrait du bloc de marbre brut le visage de l'homme, n'a pas encore atteint son chef-d'œuvre ».

Son action, toutefois, ne fait pas l'unanimité parmi les penseurs russes. Soljenitsyne, par exemple, était très critique envers les réformes de l'administration engagées par Pierre Ier :

> [Ce tsar] a foulé aux pieds, tout à fait à la bolchevique, [...] l'esprit de l'histoire, la foi, l'âme, les coutumes nationales du peuple, accablé les paysans d'impôts encore accrus et abandonné, durant son règne, de nombreuses régions du pays.
>
> [Il a] détruit par la force la culture, la culture de la vie quotidienne et la perception du monde [du] peuple [russe] avec une vitesse qui était insupportable.

D'un point de vue diplomatique, la Grande Ambassade, somme toute, avait été un succès, bien que Pierre ne fût pas parvenu à former la coalition européenne escomptée contre les Turcs. Soucieux de régler cette question ottomane, le tsar entama des négociations avec le sultan, qui débouchèrent en 1700 sur un traité de paix.

Puis il se lança dans une série de guerres (de conquête, le plus souvent) qui allaient se poursuivre de manière quasi permanente pendant plus de deux siècles. Il espérait en premier lieu se rendre maître des possessions baltes de la Suède. Aux yeux des Russes en effet, la Suède avait pour principal défaut de s'être approprié les côtes de la mer Baltique. À présent que Pierre avait découvert l'Europe, le libre accès à ces rivages lui paraissait vital, puisqu'il rendait possibles de constantes et fructueuses liaisons commerciales et culturelles avec les pays de l'Occident. Il fallait profiter de l'avènement de Charles XII, jeune roi de dix-huit ans sans la moindre expérience, pour attaquer et reprendre aux Suédois ces provinces, ce littoral qu'ils s'entêtaient à occuper.

L'esprit de la «nouvelle» armée n'était pas encore forgé. Mais Pierre était pressé :

«C'est au contact des Suédois que nous apprendrons à les battre!»

Il subit pourtant un échec retentissant à Narva. Charles XII, croyant avoir pris la mesure de ces «incapables moujiks», ne daigna pas les poursuivre et préféra se tourner vers des ennemis – Polonais et Danois – qu'il jugeait plus dignes de lui. Il les battit d'ailleurs sans grande difficulté.

Pierre, cependant, préparait sa revanche. L'alliance de la Pologne et du Danemark étant acquise, de nouveaux régiments furent formés sous le commandement de Russes et non plus d'étrangers. La discipline y devint draconienne. Les usines d'armes intensifièrent leur rendement. La forteresse de Narva, réinvestie par le tsar et ses troupes en 1704, fut forcée de se rendre. Et progressivement, les côtes de la Baltique furent «libérées» des Suédois.

Ce fut alors que Charles XII se décida à entrer en Russie avec le gros de son armée. Il se dirigea d'abord vers Moscou, puis changea d'itinéraire, alléché par la promesse d'un hetman des Cosaques zaporogues, Mazeppa, qui lui avait affirmé que des milliers d'hommes prêts à le servir l'attendaient en Ukraine.

Mais les Russes, reculant sans combattre comme le leur avait ordonné le tsar, avaient pratiqué la politique de la terre brûlée[1]. Plus de ravitaillement, ni pour les hommes ni pour les chevaux suédois.

Au printemps de 1709, on rejoignit finalement Poltava, au sud-ouest de Kharkov.

Au cours des violents combats qui suivirent, trois balles atteignirent le tsar : l'une d'elles perça son tricorne, une autre se logea dans le talon de sa botte et la troisième ricocha sur la croix de baptême qu'il portait, comme tous les orthodoxes, sur sa poitrine. Le souverain suédois eut moins de chance : blessé, il voulut se faire porter sur un brancard au milieu de ses troupes, mais un boulet russe en frappa le bois. Éjecté de sa litière de fortune, Charles XII perdit conscience ; on le crut mort. Il fut en fin de compte relevé et trouva plus tard refuge en Turquie.

Le soir de sa victoire, Pierre Ier invita à dîner les généraux suédois, ses prisonniers. Il leva son verre :

« À nos maîtres en l'art de la guerre ! »

Le maréchal Reinschild questionna :

« Qui sont ces maîtres ?

– Vous, messieurs les Suédois !

– Eh bien, sire, vous nous avez joliment remerciés… »

La guerre du Nord se prolongea douze ans encore et ravagea de vastes étendues de l'Europe orientale. Les Russes finirent par menacer Stockholm et une paix fut signée à Nystad, concédant la Livonie, l'Ingrie, l'Estonie, la Carélie occidentale et une bonne partie de la Finlande à la Russie.

Ce fut à Saint-Pétersbourg, sa nouvelle capitale fondée sur la Baltique, son œuvre personnelle, que Pierre fêta cette victoire.

1. Ils utiliseront de nouveau cette tactique lors de la campagne de Napoléon en Russie. Voir le chapitre « 1812 : l'heure de gloire ».

UNE PAYSANNE SUR LE TRÔNE DE RUSSIE

Travailleur infatigable, le tsar n'avait pas pour autant renoncé à ces orgies-délassements qu'il avait appris à aimer dans sa jeunesse. Mais s'il continuait de s'offrir des filles d'auberge, il s'était plus particulièrement attaché à l'une d'elles, qu'il appelait Catherine. C'était là en réalité un «prénom de guerre»; la jeune personne se dénommait Marthe Rabe.

Marthe Skavronski, née en Livonie en 1684 de parents polonais calvinistes, était une fille de ferme. Pendant la guerre russo-suédoise, elle fut violée, comme beaucoup de ses compatriotes. Elle évita de justesse le bordel militaire auquel on la destinait en épousant le dragon suédois Johann Rabe, qu'elle suivit comme cantinière aux armées. Mais Rabe, voulant profiter de sa beauté, la vendit bientôt à un soldat livonien qui la força à se prostituer. Délivrée de son «protecteur» par les Russes, Marthe se réfugia à Marienbourg, où elle entra comme économe au service d'un pasteur. La paix ne dura guère longtemps et la belle grande jeune fille fut capturée par les Kalmouks. À la prise de Marienbourg par les Russes, le dragon Demine la prit sous sa protection avant qu'elle n'entrât au service du vieux maréchal Cheremetiev. Certains disaient que, tombé sous le charme de la demoiselle, le prince Menchikov l'avait achetée à Cheremetiev et emmenée à Moscou. Marthe avait alors adopté le nom de Catherine.

Menchikov avait vingt-huit ans et Catherine dix-sept. Solide, bien bâtie et forte en gueule, elle avait gaillardement survécu aux mauvais traitements. Tous deux allaient devenir les compagnons les plus intimes de Pierre le Grand, tout en gardant entre eux une incontestable complicité.

Lorsque le tsar vit pour la première fois Catherine chez Menchikov, il fut aussitôt séduit. Ne pouvant rien refuser à son souverain, le prince céda sa place sans état d'âme.

Amoureux fou, Pierre envisagea bientôt d'épouser la jeune fille. Ce n'allait cependant pas être chose facile. Sa femme légitime, Eudoxie, vivait encore ; de plus, pour les Russes traditionalistes, le mariage du tsar avec une paysanne étrangère et illettrée risquait de provoquer de sérieux troubles. Mais l'amour l'emporta, et Pierre s'unit à Catherine en novembre 1707.

La cérémonie fut célébrée dans l'intimité à Saint-Pétersbourg. Le tsar garda longtemps le secret vis-à-vis du peuple, de ses ministres et de certains membres de sa famille, bien que Catherine lui eût déjà donné cinq enfants. Ce ne fut qu'en mars 1711, avant de partir en campagne contre les Turcs, qu'il convoqua sa sœur Nathalie et sa belle-sœur Prascovia, afin de leur présenter sa femme. Puisqu'elle était son épouse, elle devait être considérée comme la tsarine. Il décréta aussi qu'il désirait célébrer publiquement leur union, mais que s'il venait à mourir avant, elles devraient malgré tout l'accepter comme sa veuve.

Pierre tint parole et célébra son mariage en grande pompe en février 1712, après que la jeune Livonienne eut été baptisée et reçue dans l'Église orthodoxe. L'héritier du trône, Alexis, fils d'Eudoxie, lui servit de parrain. Ainsi la belle fille de ferme devint-elle officiellement la tsarine Catherine Alexeïevna, quoiqu'elle ne fût pas encore couronnée. Pierre eut bien quelques passades par la suite, mais elles ne comptèrent en rien dans sa vie. Catherine était en quelque sorte devenue pour lui une seconde mère.

Chaleureuse, gaie, compatissante, généreuse et robuste, la nouvelle tsarine possédait une étonnante vitalité. Elle faisait preuve d'un bon sens paysan et perçait à jour, avec perspicacité, les mensonges ou les flatteries de la Cour à Saint-Pétersbourg. En public, elle avait le tact de rester à l'arrière-plan.

La jeune femme était la compagne rêvée pour Pierre. Elle voyageait presque toujours à ses côtés. Chevaucher pendant deux ou trois jours, coucher par terre, affronter la violence d'une bataille, rien ne lui faisait peur. Leur amour, comme l'endurance de Catherine, se manifesta de surcroît par la naissance de douze enfants, six filles et six garçons. Deux seulement arrivèrent à l'âge adulte : Anna, future duchesse de Holstein-Gottorp et mère du tsar Pierre III, et Élisabeth, qui allait être impératrice.

Catherine ne se plaignait jamais. Lorsqu'ils étaient séparés, ils s'écrivaient. Dans ses lettres, elle se permettait quelques plaisanteries coquines ou amoureuses et parlait longuement des enfants. Ces missives étaient la plupart du temps accompagnées de petits colis de friandises ou de vêtements neufs. Elle ne donnait que rarement des conseils politiques ou personnels à son époux ; pourtant, ses recommandations étaient toujours les bienvenues.

Trois ans plus tard, en octobre 1715, Pierre fut grand-père : le fils de sa première femme légitime, Alexis, lui fit cadeau d'un tout petit Pierre. Mais à quelques semaines de là, Catherine donna le jour à un garçon qui fut également prénommé Pierre. L'affaire de la succession à venir paraissait se compliquer quelque peu.

LA CONSTRUCTION DE SAINT-PÉTERSBOURG

Dès son retour du long voyage qu'il avait entrepris dans les pays « civilisés », le jeune tsar s'était mis à rêver d'une ville toute neuve au bord de cette mer Baltique ouverte sur l'Occident.

De nombreuses légendes inspirées de l'histoire de Saint-Pétersbourg participèrent à l'élaboration de ce fameux mythe de la « fenêtre ouverte sur l'Europe ». Ainsi racontait-on que, lorsque Pierre avait exploré l'île Jänisaari – en finnois « île aux Lièvres » –, un aigle s'était mis à planer au-dessus de sa tête, dans une lumière pâle et diffuse. Le tsar s'était alors emparé de la baïonnette d'un soldat, avait arraché de la terre deux touffes d'herbe et, les ayant assemblées en croix, s'était exclamé : « Ici se dressera ma ville ! » Puis il s'était armé d'une bêche et avait commencé de creuser un fossé.

Quand, le 16 mai 1703, jour de la Sainte-Trinité, l'excavation eut atteint une largeur d'environ deux archines[1], un tombeau taillé dans la pierre y fut placé. Un représentant du clergé l'aspergea d'eau bénite et le souverain déposa à l'intérieur une urne contenant des reliques. La ville devait porter le nom de Saint-Pierre. On rapporte que le tsar se tenait souvent, les jours de fête ou le jour de la célébration solennelle de la victoire sur les Suédois, le plan de la ville à la main, sur le nouveau rempart, face aux portes de la forteresse ornées de représentations en bois taillé de l'apôtre Pierre. Sur

1. Soit 144 centimètres.

la plaque en fer-blanc placée sous le nom de *Saint-Pétersbourg* était inscrit en caractères romains : «An de grâce 1703.» Les anciens manuscrits précisent que, sur le bastion le plus proche, flottait un drapeau jaune frappé d'un immense aigle noir qui tenait en ses griffes les quatre mers soumises à la Russie.

En réalité, en cette journée de mai 1703, Pierre s'était rendu sur les chantiers de construction de la flotte, aux abords du lac Ladoga. Ce fut donc Alexandre Menchikov, son favori, qui jeta les fondations de la forteresse Pierre-et-Paul sur une plaine spongieuse et détrempée, à l'embouchure de la Neva. Là se dressait naguère une place forte suédoise, qui avait été rasée en 1702 sur les ordres du tsar.

Pierre avait commencé par examiner plusieurs sites sur le littoral, puis avait décidé des emplacements les mieux adaptés à recevoir la citadelle et les quartiers de la ville qu'elle aurait à défendre «contre le Suédois». Parmi ces lieux se trouvaient Koivusaari, l'«île aux Bouleaux», et Hirvisaari, l'«île aux Élans» : la première allait devenir Peterbourgskaïa Storona, l'un des quartiers les plus resplendissants de la nouvelle capitale; l'autre, le siège de l'Amirauté.

Et la grande construction commença. La première maison de Saint-Pétersbourg – deux pièces et un réduit en guise de chambre à coucher, à l'intention de Pierre – fut élevée en trois jours, au moyen de rondins que le souverain tailla lui-même, aidé de quelques soldats. Ses murs furent aussitôt peints en rouge foncé pour mieux évoquer la ville d'Amsterdam, si chère à son cœur.

De jour en jour, de mois en mois, l'appétit du tsar se faisait plus grand et ses projets plus grandioses. L'idée de concevoir une nouvelle Amsterdam fut abandonnée. Pierre envisageait à présent d'édifier une Rome ou un Paris septentrional, mais avec des rues tracées au cordeau et de larges perspectives[1] rectilignes, une ville ouverte, sans recoins dissimulés au regard. En 1715 apparut ainsi la principale artère de Saint-Pétersbourg, l'avenue Nevski.

1. De *pro-specto*, «regarder loin devant soi».

La plupart des immeubles furent élevés sur pilotis. Pour assécher les marécages, on creusa des canaux qui partaient du fleuve et y retournaient ; la cité s'étendit alors sur plus d'une centaine d'îles créées par les bras de la Neva, ses affluents et le lacis de canaux artificiels. Quarante mille ouvriers furent employés de force à cette tâche surhumaine. L'encombrement des travailleurs était tel qu'ils manquaient de logement et de nourriture. Les moins robustes mouraient, faute de soins. D'autres arrivaient par convois des confins du pays pour les remplacer.

Pierre ordonna bientôt que l'on ne parle plus d'« État moscovite », mais d'« État russe ». L'Empire russe succéda ainsi à la grande-principauté de Moscovie.

Un empire…
pour quel successeur ?

L'AFFAIRE ALEXIS ROMANOV

Le tsarévitch Alexis n'avait jamais pardonné à son père d'avoir répudié sa mère, la malheureuse Eudoxie. Tombé sous l'influence des pires « conservateurs » du pays, il combattait hargneusement toute réforme. Il finit par partir clandestinement à l'étranger, en quête d'appuis dans les cours hostiles à Pierre Ier, avouant son intention de détrôner le tsar.

L'activité de Pierre le Grand, à cette époque, était intense et, à l'extérieur, la guerre avait repris. Les Russes s'emparèrent de la ville de Dorpat en Courlande, puis enlevèrent Narva et toute l'Estonie aux Suédois, ainsi que nous l'avons vu. Bientôt, la révolte éclata dans la région de la Volga, sur le Don, en Oural, en Ukraine et sur les bords de la mer Caspienne. Quarante ans après Stenka Razine, l'hetman Boulavine avait rallumé l'insurrection. Les Cosaques du Don, auxquels s'étaient ralliés les vieux-croyants, les *raskolniki*, et les défenseurs de la barbe, proclamèrent la « guerre sainte » contre l'« Antéchrist de Saint-Pétersbourg ». Le tsar parvint à les mater, mais une terrible famine ravagea la terre russe, famine qui fut suivie d'une grave crise économique dont l'apogée se situa en 1714-1715.

Des émissaires du tsar retrouvèrent Alexis à Naples et le ramenèrent à Saint-Pétersbourg. Alors que la guerre du Nord paraissait s'éterniser, le mécontentement du pays grandissait. Une réelle opposition s'était cristallisée autour du fils de Pierre et de l'ex-tsarine Eudoxie, et la Russie séculaire semblait vouloir se rallier au tsarévitch. À l'automne de 1715, après avoir assisté aux funérailles de sa femme, Alexis reçut une lettre de son père l'accusant de menées subversives.

S'ensuivit l'arrestation de milliers d'opposants. Les frères et les cousins d'Eudoxie, son amant ainsi que des centaines de boyards furent livrés au bourreau. L'ancienne tsarine fut exilée dans un couvent sur les rives du lac Ladoga. Menchikov fit appréhender la maîtresse d'Alexis et la fit jeter dans la forteresse Pierre-et-Paul, où le tsar procéda personnellement à son interrogatoire. On épargna la torture à la jeune fille, mais elle raconta à Pierre les desseins de son fils : après son accession au trône, Alexis projetait de revenir à Moscou, de dissoudre en grande partie l'armée et d'anéantir la flotte. Les rêves du tsarévitch étaient donc essentiellement tournés contre tout ce que symbolisait Saint-Pétersbourg, que Pierre considérait comme la grande réalisation de sa vie et une nécessité vitale pour la Russie…

Pas un instant le souverain n'hésita à livrer à la justice son fils indigne, veillant même à ce qu'il fût condamné à mort. Reconnu coupable d'être le chef d'un réseau de conspirateurs dirigé contre « la vie du tsar et la sécurité de l'État », Alexis devait être fouetté jusqu'à ce que mort s'ensuive. Mais le jeune homme succomba sous la torture la veille de son exécution, non sans avoir livré les noms de tous ses complices.

À son retour, Pierre fit reconnaître Catherine régente et souveraine s'il venait à disparaître avant elle.

Catherine, quant à elle, surprit son mari. Elle avait en effet acheté un petit domaine situé à une vingtaine de kilomètres au sud de Saint-Pétersbourg, sur les terres reprises aux Suédois pendant la guerre du Nord. Dans ce lieu destiné à devenir Tsarskoïe Selo, le « village du tsar », allait s'élever bien des années plus tard un palais dédié à cette grande tsarine.

Les quelques villages qui formaient le cœur des futurs beaux quartiers de la capitale peu à peu s'étendirent. Des immeubles somptueux, des ministères, des palais, surgirent de partout. La forteresse de l'île de Kotline, Kronchlot (futur Kronstadt), était presque terminée.

Au lendemain du très avantageux traité de Nystad avec la Suède (1721), le Sénat, créé par Pierre Ier pour succéder à l'antique douma des boyards, avait supplié le monarque d'adjoindre à son prénom les mots *le Grand* et de remplacer son titre de tsar par celui d'empereur. Ces termes nouveaux allaient désormais figurer dans tous les documents d'État.

La Russie transformée en empire, l'affaire de la succession de la dynastie Romanov devint vraiment préoccupante. Qui saurait se révéler digne de ceindre, une fois Pierre le Grand disparu, la couronne impériale ? Se prêtant longue vie, l'empereur décida de temporiser. Cependant, il stipula formellement que seul le souverain régnant pouvait désigner son héritier.

Après la mort dans les tortures d'Alexis, l'opprobre était retombé sur la progéniture du traître. Le tsar prépara donc l'avènement de Pierre, le fils qu'il avait eu de Catherine. Mais la malédiction le rattrapa une fois de plus : l'enfant, promu tsarévitch, le resta peu de temps, une maladie infantile l'emportant à l'âge de quatre ans. Inconsolable, Pierre le Grand se lamenta des jours entiers devant le petit lit vide. Quant au cadet, Paul, il succomba à une maladie mystérieuse qui le terrassa en quelques secondes. On parla d'empoisonnement ; l'enquête n'aboutit pas.

Pierre le Grand, attaché à faire perdurer la dynastie des Romanov, voulut alors marier ses filles et ses nièces. Sa fille aînée, Anna Petrovna, épousa ainsi en 1725 le duc de Schleswig-Holstein, créant la souche des Holstein-Gottorp Romanov. Ses nièces, Anna Ivanovna et Catherine Ivanovna, s'unirent respectivement au duc de Courlande et au duc de Mecklembourg. Mais le tsar ne parvint pas à trouver de parti pour sa fille Élisabeth, bien qu'il eût envoyé plusieurs missions diplomatiques avec ses portraits dans toutes les cours d'Europe.

LE VOYAGE À PARIS

Pendant cette période difficile, le tsar et ses ministres entreprirent un nouveau voyage à l'étranger en avril 1717.

À Paris, Pierre donna libre cours à sa curiosité : il entrait chez les boutiquiers, arrêtait n'importe quel carrosse dans la rue, questionnant les cochers et bavardant familièrement avec eux. Il visita les musées et les arsenaux, les collections anatomiques de cire, les fonderies de statues, la Manufacture des Gobelins, les magasins de marbres du Louvre et voulut aussi découvrir, outre le jardin des Plantes, les localités pourvues de souvenirs historiques et artistiques, comme Meudon et Sceaux. Des Invalides à l'Observatoire, de Marly à Saint-Cyr, partout il questionnait et notait.

Ces quelques semaines parisiennes eurent sur le tsar une incidence culturelle incontestable. Dans aucune autre ville Pierre n'avait manifesté un tel engouement pour l'art. Il consacra une journée entière à la rencontre de personnalités liées au progrès scientifique, s'intéressant entre autres à la riche collection de machines de l'académie Pajot-d'Osembray, à Percy. Il passa en revue les troupes de la maison du roi sur l'allée des Champs-Élysées, assista à une séance de l'Académie des sciences, ainsi qu'à une audience du Parlement.

Saint-Simon a tracé un émouvant portrait du monarque russe :

> C'était un fort grand homme, très bien fait, assez maigre, le visage assez de forme ronde, un grand front, de beaux sourcils ; le nez assez court sans rien de trop, gros par le bout ; les lèvres assez grosses ; le teint rougeâtre et brun ; de beaux yeux noirs, grands, vifs, perçants,

> bien fendus ; le regard majestueux et gracieux quand il y prenait garde, sinon sévère et farouche, avec un tic qui ne revenait pas souvent, mais qui lui démontait les yeux et toute la physionomie, et qui donnait de la frayeur. [...] Tout son air marquait son esprit, sa réflexion et sa grandeur, et ne manquait pas d'une certaine grâce.

Décrivant ensuite son vêtement, le mémorialiste précisait :

> Dans cette simplicité, quelque mal voituré et accompagné qu'il pût être, on ne s'y pouvait méprendre à l'air de grandeur qui lui était naturel.

Il relevait encore :

> Ce qu'il buvait et mangeait en deux repas réglés est inconcevable.

Saint-Simon ne manqua pas non plus de noter :

> Le czar entendait bien le français et, je crois, l'aurait parlé s'il eût voulu ; mais, par grandeur, il avait toujours un interprète. Pour le latin et bien d'autres langues, il les parlait très bien.

En bref :

> Ce monarque se fit admirer par son extrême curiosité, toujours tendant à ses vues de gouvernement, de commerce, d'instruction, de police, et cette curiosité atteignit à tout et ne dédaigna rien, dont les moindres traits avaient une utilité suivie, marquée, savante, qui n'estimait que ce qui méritait de l'être, en qui brillait l'intelligence, la justesse à vive appréhension de son esprit. Tout montrait en lui la vaste étendue de ses lumières et quelque chose de continuellement conséquent. Il alliait d'une manière tout à fait surprenante la majesté la plus haute, la plus fière, la plus délicate, la plus soutenue et en même temps la moins embarrassante. [...] Il avait une sorte de familiarité qui venait de la liberté ; mais il n'était pas exempt d'une forte empreinte de cette ancienne barbarie de son pays, qui rendait toutes ses manières promptes, même précipitées.

Après avoir visité la « capitale du monde » et tout ce qui lui avait été loisible alentour, Pierre se rendit à Versailles. Ce fut une chasse effrénée des dames qui se promenaient dans les jardins : « Sa Majesté voulait uniquement les contempler de près », déclara, mi-amusé, mi-embarrassé, le secrétaire du chancelier Golovkine. Mais le tsar accorda une si forte somme d'argent pour dédommager ces jeunes personnes, que l'on vit se remplir les allées de Versailles de nombreuses promeneuses espérant une nouvelle visite des « barbares russes »...

Une autre fois, lors d'une grande réception, le tsar souleva de terre le jeune Louis XV, l'embrassa chaudement et chuchota quelques mots au Régent. Le jour même, les courtisans parlaient déjà d'un projet de mariage entre la deuxième fille du tsar, Élisabeth, et le roi de France... Il est vrai que Pierre espérait, par cette union, ouvrir des pourparlers financiers avec le gouvernement français, qui auraient amené une alliance étroite entre Saint-Pétersbourg, nouvelle capitale de la Russie, et Paris. Le ministre du tsar avait d'ailleurs laissé entendre au maréchal de Tessé, chargé par le Régent d'accompagner leur hôte dans tous ses déplacements :

« La formidable puissance de la maison d'Autriche ne vous alarme-t-elle pas ? Remplacez la Suède par nous, et nous vous tiendrons lieu de tout ce que vous pourriez espérer d'elle contre l'Autriche... »

Le mariage, cependant, n'eut pas lieu. La Prusse voyant ce rapprochement franco-russe d'un mauvais œil, il fallut trouver d'autres fiancés pour Élisabeth et Louis XV épousa la fille de Stanislas Leszczy ski, roi détrôné de Pologne.

À son retour de Versailles, Pierre édicta des règlements de bonne éducation et imposa en 1718 à la société pétersbourgeoise les « assemblées » où, selon un rituel bien établi, hommes et femmes devaient s'adonner à des distractions occidentales.

Un an plus tard, à l'occasion d'un nouveau voyage en Hollande, le tsar se montra clairement conquis par la sculpture et la peinture, dont il avait déjà goûté les agréments au contact des artistes français. Il se mit en quête de peintres, assista à de longues séances de pose et finit par acquérir, lors d'une vente aux enchères, des tableaux des écoles flamande et hollandaise, affichant une préférence marquée pour les marines.

Deux formes d'art l'avaient jusqu'alors particulièrement intéressé : le travail des métaux précieux, pour des raisons économiques, et l'architecture, parce que c'était un art scientifique qui plaisait à son esprit de bâtisseur.

À dire vrai, aux yeux du fondateur de Saint-Pétersbourg, l'architecture et l'urbanisme avaient représenté des arts majeurs avant même que l'idée d'une nouvelle capitale n'eût été formulée. Ainsi Pierre avait-il fait appel à des maîtres étrangers, qui parfois s'étaient parés du titre d'architecte sans forcément en posséder toutes les qualités. Italiens, Allemands, Hollandais s'étaient ainsi succédé à Saint-Pétersbourg jusqu'à l'arrivée des Français en 1716, regroupés sous la houlette de l'architecte Jean-Baptiste Alexandre Le Blond. Leur équipe comprenant tous les corps de métier, Le Blond avait pu mettre sur pied des ateliers de menuiserie, de tailleurs de pierre, de serrurerie, de fonderie. On lui devait encore la première école de sculpture sur bois, l'organisation d'une école d'architecture et, en définitive, la transformation de la chancellerie des affaires urbaines en surintendance des bâtiments.

Un entendement inédit de la vie quotidienne apparut alors dans la capitale et, en même temps que l'art de bâtir s'instaura une somptuosité du décor intérieur.

LE CRÉPUSCULE DU GRAND TSAR

En 1722, l'envie reprit l'empereur de repartir en guerre. Soi-disant pour répondre à l'appel des peuples chrétiens du Caucase persécutés par les Perses musulmans, en réalité poussé par le désir d'installer des bases solides sur cette mer Caspienne qui ouvrait le commerce avec l'Asie Mineure, Pierre conduisit ses troupes vers Astrakhan, à l'embouchure de la Volga. Puis on poussa jusqu'en Transcaucasie, et l'on prit Bakou. Une trêve finit par intervenir.

Couronné de nouveaux lauriers, Pierre regagna sa capitale, y donna quelques fêtes fastueuses et bouffonnes, remarqua chez sa femme une certaine froideur et imagina qu'elle s'attristait de n'être que l'épouse d'un empereur. Sacrifiant pour une fois aux vieux usages russes, le mari inquiet décida de faire couronner sa femme en grande pompe à Moscou.

C'était sans compter les courtisans à la langue de vipère…

Pierre ne quittait plus à présent sa robe de chambre jaune ni son bonnet de nuit en coton blanc. Le tsar s'assombrissait chaque jour davantage ; ses collaborateurs n'étaient que des rapaces qui déchiraient en lambeaux l'héritage de Saint-Pétersbourg, l'œuvre de sa vie. Tous étaient corrompus jusqu'à la moelle.

Il confia un jour à son fidèle compagnon, Menchikov :

« Il faut couper les racines du mal et non les branches, comme tu le fais. Il ne suffit pas de prendre et de décapiter les petits voleurs ;

il faut les frapper tous, quels qu'ils soient, sans égard à leur sang. Tous ! »

Puis au procureur :

« Prépare une nouvelle loi. Celui qui volera l'État et dont le vol sera estimé à une somme égale ou supérieure à la valeur d'une corde sera pendu par cette corde. »

Pour calmer ses chagrins, le tsar se réfugiait de plus en plus souvent dans les jardins de Peterhof[1], ce Versailles russe aux murs jaune vif, où chantaient des centaines de fontaines et de canaux.

1. Résidence impériale d'été située au bord de la mer Baltique, à une vingtaine de kilomètres de Saint-Pétersbourg.

LE COUCHER DU SOLEIL

L'embellissement des palais des Romanov couronna la complicité du couple impérial. Mais un triomphe cache parfois une tragédie. Catherine semblait, à cette époque, sous-estimer la jalousie de son mari. Une nuit, après une « soûlographie » monumentale à laquelle participèrent les membres de son synode, des ivrognes et des goinfres, Pierre rentra chez lui et aperçut une ombre qui, se coulant hors de la chambre à coucher de la tsarine, s'enfonça rapidement dans le parc. Il poursuivit l'inconnu, mais trébucha et se foula la cheville. Une enquête fut diligentée. On en vint à soupçonner que l'ombre fût celle du chambellan Mons.

Le lendemain soir, 8 novembre 1724, le tsar dîna en compagnie de sa femme et de ses filles et échangea des banalités avec Mons. Se prétendant fatigué, il demanda l'heure à Catherine. Il était 9 heures.

« Il est temps que tout le monde aille se coucher », dit Pierre.

D'humeur joyeuse, Mons rejoignit son domicile. Dans le ciel se dessinaient les branches noires des arbres, saupoudrées d'étoiles étincelantes. À peine le chambellan fut-il déshabillé que les policiers firent irruption dans sa chambre et l'arrêtèrent « pour corruption ». Catherine n'obtint aucune mesure de clémence en faveur de son protégé.

Le 16 novembre, William Mons fut conduit sur le lieu de son exécution. On lui trancha la tête et on exposa sur une roue la dépouille suppliciée. Après quoi le tsar obligea sa femme à faire une promenade en traîneau autour de l'échafaud. À la vue du corps décapité, Catherine, qui avait toujours nié avoir été la maîtresse de ce garçon, garda la plus parfaite impassibilité, consciente qu'à la moindre marque d'émotion son mari était capable de l'étrangler sur-le-champ. Le lendemain de l'exécution, Pierre confisqua toute la fortune de la tsarine et la fit étroitement surveiller.

Le bruit courut alors que le tsar, ne sachant qu'inventer pour faire durer les souffrances muettes de Catherine, avait déposé dans sa chambre un bocal empli d'alcool renfermant la tête de son amant. L'impératrice ne protesta pas, s'endormit et se réveilla calmement sous le regard éteint du supplicié. Comme ni Mons ni elle n'avait avoué quoi que ce fût, Pierre finit par douter de la faute de son chambellan, fit enlever le récipient et retrouva pour un temps le chemin des appartements de celle qui seule savait l'apaiser lors de ses crises nerveuses.

Ce n'étaient pourtant pas ces crises qui inquiétaient le tsar en cette fin d'année 1724, mais une toux persistante et des douleurs au ventre.

À quelque temps de là, l'humeur de Pierre se dégrada. Lui qui, toute sa vie, avait adoré l'Europe occidentale, refusa brusquement de croire en la supériorité technique de l'Occident et se fit presque l'ennemi des Européens. Il ne voyait devant lui que le vide ; il était seul à « entraîner la Russie vers le sommet, tandis que tous faisaient tout pour la faire tomber ».

Le tsar et son épouse se parlaient à peine, ne prenaient plus leurs repas ensemble et faisaient chambre à part. La vie privée du monarque devint plus tumultueuse que jamais.

Puis son état dépressif s'aggrava. Il errait des heures entières dans les rues de sa ville, isolé, perdu, les yeux noyés dans le vague, l'air hagard, tête nue, les cheveux hérissés par le vent.

Le règne du grand homme touchait à sa fin. Et ses collaborateurs s'en rendaient compte. Quelques intimes se réunirent chez Menchikov et y parlèrent librement.

En novembre 1724, une crue inhabituelle de la Neva menaça d'inonder la capitale et une tempête terrible s'abattit sur la ville.

Pierre sauta dans une barque et alla constater les dégâts causés par les débordements. En revenant, il vit une embarcation chavirer. Ayant appelé une chaloupe à la rescousse, il plongea dans l'eau glaciale et ramena les naufragés sur le quai. Le plus grand des Romanov n'avait que cinquante-deux ans, mais sa formidable constitution avait été fort ébranlée par les excès et, outre tous ses maux, il souffrait de gravelle.

Ignorait-il qu'à son âge une telle épreuve lui serait fatale ? Ou bien avait-il choisi cette occasion, en ce jour de novembre, pour expier tous ses forfaits et se les faire pardonner ? Toujours est-il que le soir même, en rentrant dans son palais, il fut saisi d'une violente fièvre. Rapidement, son état empira.

Le 26 janvier 1725, on entendit, à la nuit tombante, le hurlement d'un animal mortellement touché, puis quelques râles… Le nom de son fils, qu'il avait fouetté à mort dans la forteresse de Schlusselburg, revint plusieurs fois dans son délire.

Le lendemain, reprenant soudain conscience, Pierre fit un signe afin qu'on lui donnât de quoi écrire. On posa du papier sur la couverture et, appuyé sur un coude, le tsar commença d'écrire de sa main brûlante :

> Donnez tout à…

Il ne put achever. Sa tête se renversa sur l'oreiller.

Le 28 janvier, à 5 heures du matin, le plus grand tsar de sa dynastie n'était plus.

Son règne avait coûté à la Russie près de trois millions d'hommes, balayés par les guerres, les famines, les révoltes, les épidémies, la construction de Saint-Pétersbourg, de Kronstadt et d'autres villes, l'industrialisation forcée, la lutte contre les vieux-croyants.

LA SUCCESSION

Le décret promulgué par Pierre le Grand en 1722, visant à privilégier son épouse, donnait la possibilité aux tsars de nommer l'héritier de leur choix, quel que fût son sexe. Cependant le souverain, de son vivant, n'avait pris aucune disposition.

Écroulée à son chevet, la tsarine Catherine sanglotait et interrogeait en vain le corps muet et inerte de son mari. Ce deuil la laissait désemparée, avec sur les bras un chagrin et un empire, aussi pesants l'un que l'autre. Autour d'elle, l'inquiétude était palpable.

Le seul descendant mâle du défunt tsar était le grand-duc Pierre, son petit-fils, alors âgé de neuf ans et demi, mais son grand-père l'avait lui-même privé du titre de tsarévitch à la suite du complot ourdi par Alexis.

Des deux filles de Pierre le Grand et de Catherine, légitimées après le mariage de leurs parents, Anna, dix-sept ans et Élisabeth, seize ans, la première, faute de devenir reine de France, s'apprêtait à épouser le grand-duc de Holstein-Gottorp ; la seconde ne songeait encore qu'aux chevaux et à la chasse.

Il restait bien, au surplus, deux autres descendantes des Romanov, les filles du cotsar Ivan V, le simple d'esprit. L'aînée – une autre Anna – avait épousé le duc de Courlande en 1710 et, veuve dès l'année suivante, vivotait dans son château de Mitau (futur refuge de Louis XVIII), faisait des emprunts au Trésor russe, se consolait de sa relative pauvreté dans les bras du fils de son vigoureux palefrenier en chef, Ernst Biron, et se germanisait à outrance. Sa sœur, Catherine, duchesse de Mecklembourg, faisait peu parler d'elle en Russie.

Quoique la loi salique n'existât pas dans le pays, la plupart des dignitaires préféraient obéir à un maître plutôt qu'à une maîtresse. Le petit-fils de Pierre paraissait donc avoir toutes les chances de lui succéder sur le trône.

Encore fallait-il que se fasse sur son nom l'unanimité des « votants ».

Quels étaient ces votants ?

Certes, l'empereur s'était arrogé le droit de désigner lui-même son successeur, mais dans le cas où il en eût été empêché, il incombait au Sénat, au Saint-Synode et… aux généraux des deux régiments emblématiques de la Garde de s'en charger de concert.

Les hauts responsables se réunirent donc dans la salle du Conseil du palais d'Hiver, et le garçonnet fut bientôt en passe de devenir le nouveau tsar, sous le nom de Pierre II.

Mais soudain, des contestations s'élevèrent parmi les intimes du défunt. Le puissant prince sérénissime Menchikov (l'un des premiers paysans à s'être enrôlé, naguère, dans le fameux régiment Preobrajenski) déclara sans ambages que le trône revenait de droit à la veuve de Pierre Ier, à cette Catherine que le grand tsar avait solennellement fait couronner à Moscou l'année précédente, proclamant à cette occasion :

« Qu'elle oublie la faiblesse de son sexe, se conduisant comme un homme, non comme une femme ! »

Les généraux présents soutinrent immédiatement la proposition de Menchikov et le ton monta quand parvinrent aux oreilles des votants les roulements d'innombrables tambours…

On s'aperçut alors que les régiments Preobrajenski et Semionovski, parfaitement armés, encerclaient le palais.

Un maréchal s'indigna :

« Qui s'est permis de les faire venir ? »

Menchikov lui répondit tranquillement :

« Moi, sur l'ordre de Sa Majesté, l'impératrice Catherine Ire. »

Des officiers, qui avaient envahi la salle de séance, acclamèrent leur nouvelle souveraine et annoncèrent que leurs hommes étaient là pour la servir… et la défendre.

L'« unanimité à la russe » étant acquise, la cause fut entendue.

Après s'être ainsi offert, fin janvier 1725, une sorte de 18 Brumaire avant l'heure, Catherine Ire allait régner paisiblement deux ans et deux mois, en s'appuyant de tout son poids – et elle était plutôt forte – sur le prince Menchikov.

Lors de son avènement, elle avait déclaré :

« Je désire mener à bonne fin, avec l'aide de Dieu, tout ce que Pierre le Grand a entrepris. »

Ainsi fut inauguré le « siècle des tsarines », ces femmes qui firent la Russie.

Au cours des soixante-dix années qui allaient suivre, cinq femmes seraient en effet successivement portées sur le trône des Romanov : Catherine Ire, deux Anna, Élisabeth et Catherine II.

À travers elles, l'Empire parviendrait à un âge d'or et ce symbole serait conforté par la longévité des Romanov, qui avaient passé avec succès l'épreuve de la mort de Pierre le Grand. Les remous d'un interrègne provoqué par l'absence de successeur désigné ne ralentiraient pratiquement pas cet essor.

DE PIERRE LE GRAND À ÉLISABETH

À la fin de son règne, Pierre le Grand avait échoué dans son projet de marier sa fille, la future tsarine Élisabeth, à Louis XV[1]. Versailles ne voulait pas d'un mariage russe, pas plus que Vienne, Madrid ou les capitales allemandes.

Élisabeth était la dernière des filles de Pierre encore en vie, et sans doute sa favorite. Elle était née le 18 décembre 1709, avant que sa mère, Catherine, ne régularise son union avec le tsar. Pierre attendait de sa cadette bien-aimée qu'elle accomplisse une part essentielle de son œuvre, « l'accession de la Russie au sommet du concert européen ». Mais la demoiselle, dans sa jeunesse, n'avait guère le goût du pouvoir. Toute sa vie, néanmoins, elle fut habitée par le rêve de son père : ce Louis XV qu'elle ne vit jamais occupa une place privilégiée dans son imaginaire – un fiancé mythique en quelque sorte.

Les années passèrent. Après la disparition de Catherine Ire, l'Empire fut littéralement livré aux Allemands par la volonté de la nouvelle tsarine, Anna Ivanovna[2]. Cependant, tout ce qui tenait à la lointaine France demeurait, aux yeux de l'élite russe, un objet de curiosité ou d'admiration instinctive. Et cette francophilie, la

1. Un second mariage raté – et quel chamboulement géopolitique eût-il provoqué ! – fut celui de Napoléon avec la sœur du tsar Alexandre Ier, au début du XIXe siècle.

2. Voir le chapitre suivant.

fille de Pierre le Grand l'incarnait particulièrement, de par le goût qu'elle entretenait depuis l'enfance pour la littérature et l'esprit français.

Mais à l'époque, Élisabeth était encore bien jeune pour occuper le devant de la scène.

Comme toute jeune fille, elle eut son lot de chagrins d'amour. On la fiança à un prince allemand, Charles-Auguste (l'oncle maternel de celle qui deviendra Catherine II), qui mourut bientôt de la variole. Élisabeth le pleura amèrement. Et longtemps. Fut-ce à cause de cette disparition qu'elle décida de rester – au moins officiellement – célibataire ? Si quelques beaux partis avaient peuplé sa solitude, pour l'heure, une intimité confiante la liait à l'ambassadeur de France, le marquis de La Chétardie.

Élisabeth était alors une splendide jeune femme de trente ans, d'une vitalité digne de celle de ses parents. De magnifiques cheveux châtains, de belles dents, une bouche charmante et des yeux bleus expressifs ajoutaient incontestablement à son charme. D'un naturel enjoué, elle aimait les fêtes et les bals costumés. Elle adorait, par exemple, voir les hommes travestis en femmes et *vice versa*, et ne se lassait pas d'observer les vieux dignitaires aux bras et aux mollets poilus déguisés en bergères ou en fées. Le marquis ne s'y trompa d'ailleurs pas. Il sut jouer à merveille de ce penchant en organisant des fêtes somptueuses qui faisaient jaser tout Saint-Pétersbourg.

Les soirées étaient longues sur les bords de la Neva. Rien d'étonnant à ce qu'une « tendre amitié » se nouât entre ces deux jeunes gens. Le marquis de La Chétardie avait trente-quatre ans lorsqu'il arriva en Russie en décembre 1739, accompagné de douze secrétaires, de six cuisiniers, de cinquante pages et laquais, sans oublier son maître de ballet, qui plus tard anima les réceptions et donna des leçons de danse à la future tsarine. C'était un homme du XVIIIe siècle, léger et frivole, tantôt officier, tantôt diplomate, mais surtout un mondain, grand séducteur devant l'Éternel, et bel esprit. Son goût du luxe, son sens de l'à-propos, son humeur entreprenante lui assurèrent un prestige incontestable dans la capitale des tsars.

Pourtant, l'ambassade en Russie n'était pas encore perçue comme un poste prestigieux, et le beau marquis y avait été envoyé en exil doré après avoir commis quelques maladresses à Versailles et regardé d'un peu trop près les maîtresses des princes. Pour impressionner les Pétersbourgeois, il entama sa carrière par une astuce gastronomique en demandant à la cour de Louis XV de lui faire parvenir cent mille bouteilles des meilleurs crus français. Ces précieux breuvages eurent tôt fait de détrôner le tokay hongrois et devinrent aussi prisés que la vodka.

L'historien Albert Vandal a laissé de La Chétardie un portrait haut en couleur :

> Doué d'une intelligence prompte et déliée, d'un esprit vif et d'un jugement faux, frivole, aventureux, sûr de lui, bouillant, irréfléchi et sacrifiant tout au désir de briller et de jouer un rôle, se lançant dans les plus téméraires entreprises sans en prévoir la suite et perdant par son étourderie le fruit de son adresse. Avec cela hautain, jaloux de son rang, attaché à ses prérogatives de gentilhomme et d'ambassadeur, obstiné sur tout ce qui concernait le cérémonial et traitant les futilités avec sérieux et les affaires avec légèreté. Où il passa maître, ce fut dans l'art de se ruiner en grand seigneur. [...] Dans les cours où il était accrédité, il fit admirer sa magnificence. On citait ses équipages, ses habits, la tenue de sa livrée. [...] Malheureusement, sa politique ressemblait trop souvent à une intrigue de salon, et il eut plus d'une fois à s'en repentir.

TRIO POUR UN COUP D'ÉTAT

Au milieu du XVIIIe siècle, la situation internationale était tendue et chacun était à la recherche d'un allié. La France passant pour la grande puissance du continent, l'Angleterre mettait tout en œuvre pour la priver de son hégémonie. L'Empire ottoman, la Suède et la Pologne avaient trouvé, quant à eux, de solides appuis à Versailles contre la Russie.

La tsarine Anna Ivanovna[1] resta fidèle à la politique étrangère francophobe de ses conseillers, favorables à la Prusse, au grand dam de l'ambassadeur La Chétardie. Surveillée et suspectée de sympathies à l'égard des Français, Élisabeth avait quitté la Cour et s'était installée à Moscou. Son avenir semblait compromis.

N'ayant pas eu d'enfants, Anna Ivanovna fit venir auprès d'elle sa nièce, Anna Leopoldovna, et son époux, Antoine-Ulrich, prince de Brunswick-Lunebourg, puis proclama leur fils Ivan héritier du trône. Le 28 octobre 1740, l'impératrice s'éteignit en laissant la régence à son amant Biron, « jusqu'à la majorité du tsar Ivan VI ». Le célèbre historien Klioutchevski résuma ainsi cette époque du règne des Romanov :

> Une page des plus sombres de notre histoire, mais la tache la plus noire sur cette page sombre fut la tsarine elle-même…

1. Fille du cotsar Ivan V, elle régna de 1730 à 1740.

Avec un tsar âgé de deux mois et un régent d'origine allemande[1], la Russie était bien mal lotie. Cependant, Biron ne resta pas longtemps en place. Arrêté le 9 novembre 1740 au matin, il fut condamné à l'exil perpétuel en Sibérie. Nommée à son tour régente, Anna Leopoldovna, la mère du petit empereur, ne suscita pas pour autant la sympathie du peuple, car elle continua de s'appuyer sur le « parti allemand ». Elle était de plus très au fait des « relations suivies » du marquis de La Chétardie avec la grande-duchesse Élisabeth, et lui manifestait une hostilité ouverte. La mission du diplomate paraissait désormais bien hasardeuse. Il devenait urgent d'agir.

Tous les ressorts d'un roman de cape et d'épée, dont seul le XVIIIe siècle eut le secret, allaient être réunis dans le complot visant à faire accéder Élisabeth au trône des tsars : magnétiseur, voyants, nuits enflammées avec la *tsarevna*, rendez-vous dans les souterrains…

Malgré la surveillance de plus en plus étroite que la régente faisait peser sur Élisabeth, le peuple et la garde impériale ne cessaient de manifester leur attachement à la fille préférée de Pierre le Grand. La princesse restait populaire, car elle cultivait le message national : elle seule semblait de nature à chasser de Russie la coterie allemande.

Le principal allié de La Chétardie dans ce qui ressemblait fort à une conspiration se nommait Lestocq. Arrivé en Russie sous Pierre le Grand, au début des années 1700, ce huguenot d'origine française, guérisseur, chirurgien, magnétiseur et spirite, gagna rapidement la confiance d'Élisabeth. Aventurier dans l'âme, aimant « les femmes les plus abandonnées », cet amateur de bons vins avait accumulé tant de dettes aux jeux de hasard qu'il y avait englouti tous ses revenus.

1. Fils de paysans courlandais issus d'une famille d'origine westphalienne, Ernst Biron avait usurpé, afin de mieux tenir son rang, le nom et les armes des Français Biron, avec lesquels il affirmait sa parenté sur des preuves fantaisistes.

Lestocq fut certainement le membre le plus actif de ce groupe qui parvint à convaincre la grande-duchesse de sortir de sa retraite moscovite. Il avait été chargé d'inciter Élisabeth à s'emparer du pouvoir. Intelligente mais d'un naturel nonchalant, la *tsarevna* n'avait aucun goût pour l'intrigue. Cependant, la méfiance de la régente doublée d'une réduction drastique des subsides que celle-ci lui allouait emportèrent ses dernières hésitations.

Il fallut d'abord écarter tout soupçon, effacer tout indice. La Chétardie quitta donc momentanément Saint-Pétersbourg pour prendre quelque distance avec la Cour. Bravant tous les dangers, Élisabeth venait le rejoindre en secret à la nuit tombée, dans un bateau, dissimulée sous d'épaisses fourrures…

Malgré tous ces subterfuges, Anna Leopoldovna eut vent de ces rencontres enflammées. Le 22 novembre 1741, elle somma Élisabeth de renvoyer Lestocq et de cesser toute relation avec le diplomate français. La fille de Pierre le Grand sut alors montrer toute la force de son caractère. L'heure était grave.

Après une explication houleuse avec la régente, Élisabeth accompagna Lestocq à la caserne des régiments de la garde impériale. Le huguenot, rappelant aux grenadiers de qui la jeune femme tenait sa légitimité, obtint la complète adhésion des officiers à sa cause. Perspicace, La Chétardie avait aussi pris ses précautions. L'ambassadeur avait au préalable distribué de grandes quantités de vin aux militaires russes. La grande-duchesse promit au surplus de gracier tous les condamnés à mort. Puis elle prit la tête du cortège et se dirigea en pleine nuit vers le palais de la régente.

Lorsque Élisabeth entra dans la chambre d'Anna Leopoldovna, elle la trouva en compagnie d'une « tendre amie ».

« Il est temps de vous lever, ma petite sœur », dit-elle en toute simplicité.

Anna obtempéra et se rendit calmement. Son époux fut arrêté au ministère de la Guerre, où il avait coutume de dormir depuis son infortune.

Élisabeth alla ensuite chercher le petit Ivan. Destitué après treize mois de règne, le malheureux allait demeurer au secret durant les vingt-deux ans qui lui restaient à vivre, sous le nom de code de «prisonnier numéro un»[1].

Ce 25 novembre 1741, un coup d'État militaire venait donc d'écarter Ivan VI et sa mère du pouvoir. La tsarine déchue et son mari furent incarcérés dans le nord de la Russie, où Anna mourut en 1746. Leur fils fut enfermé dans la forteresse de Schlusselburg. Bien plus tard, en 1764, une tentative de coup d'État visant à restaurer l'autorité du «Masque de fer» russe fut dirigée contre l'impératrice régnante Catherine II. Hélas, l'opération tourna court et le jeune homme fut assassiné par un de ses geôliers[2].

Après le succès de ce coup de force qui avait porté Élisabeth au trône, ses instigateurs furent «royalement» récompensés. Lestocq reçut le titre de comte et La Chétardie, le cordon de l'ordre de Saint-André ainsi que la coquette somme d'un million et demi de livres.

Nombre de leurs contemporains furent éblouis par la nouvelle tsarine qui accédait au pouvoir dans l'éclat de ses trente et un ans. Le diplomate français Campredon ne manqua pas de faire son éloge dans une dépêche restée célèbre :

> Il n'y a rien que d'agréable dans la personne de la princesse Élisabeth. On peut dire que c'est une beauté par la taille, le teint, les yeux et les mains. Les défauts, s'il y en a, seront du côté de l'éducation et des manières, car on m'a assuré qu'elle a de l'esprit.

Dans ses *Mémoires*, rédigés bien des années plus tard, Catherine II en donna une description analogue :

> On ne pouvait la voir pour la première fois sans être frappé de sa beauté et de son port majestueux. C'était une grande femme qui, quoiqu'elle eût beaucoup d'embonpoint, n'était point défigurée ni ne présentait aucun embarras dans tous ses gestes ; la tête était très belle aussi ; elle avait ce jour-là un immense panier comme elle aimait en porter lorsqu'elle s'habillait, ce qui cependant ne lui arrivait guère que lorsqu'elle sortait en public.

---

1. Ce détenu mystérieux et sa fin tragique sont l'un des grands secrets de la famille Romanov.

2. Voir le chapitre «Le roman noir d'une impératrice».

Dès le lendemain du coup d'État, Élisabeth adressa à Louis XV une lettre dans laquelle elle exprimait son espoir de voir se renforcer les liens entre les deux cours, tout en soulignant le rôle de La Chétardie et de Lestocq dans les événements qui l'avaient portée au trône.

La position de l'ambassadeur français était néanmoins délicate. Tant sur le plan personnel que politique, il avançait sur des sables mouvants. Sans compter qu'il n'était pas le seul à bénéficier des faveurs de l'impératrice. Selon les habitudes de son siècle, Élisabeth savait établir une frontière ingénieuse entre ses sentiments, voire ses passions, et les intérêts de l'État. La Chétardie, même au moment de ses plus grands privilèges, lorsque son étoile brillait au zénith, n'en demeurait pas moins un favori parmi d'autres.

Tout comme Alexis Razoumovski. Ce dernier, pourtant, semble bien être devenu en 1742 l'époux morganatique d'Élisabeth. Ce géant ukrainien faisait partie des chœurs de la chapelle impériale, où il se distinguait par sa voix magnifique. L'ayant remarqué au cours d'un office religieux, Élisabeth en tomba éperdument amoureuse et lui resta attachée jusqu'à sa mort. Cet homme, à la différence des autres favoris de l'impératrice, était un sage. Il connaissait ses limites et sut éviter les affaires d'État, feignant d'ignorer la vie sentimentale ô combien tumultueuse de sa tsarine ! Ce fut à ce prix qu'il put demeurer le maître du palais impérial, général feld-maréchal et comte du Saint Empire romain germanique, limitant ses ambitions à favoriser sa propre famille, ses proches ou des habitants de son Ukraine natale.

En mars 1742, en toile de fond de ces intrigues, La Chétardie suivit Élisabeth à Moscou pour assister à son couronnement dans l'ancestrale capitale russe. L'ambassadeur continuait de manifester envers la tsarine toutes les marques de la constance. En bon diplomate, tout en restant fidèle au gouvernement français, il essayait d'atténuer les ferveurs antirusses de Versailles. Dans cet imbroglio politico-sentimental, il n'avait de ce fait le beau rôle ni aux yeux des Français ni aux yeux des Russes.

L'horizon radieux qu'il avait jusqu'alors connu s'assombrit. L'impératrice l'évitait désormais et trouvait tous les prétextes pour ne pas le recevoir. À quoi tenait ce revirement ?

Le marquis avait, semblait-il, négligé deux qualités proprement russes : la maîtrise des langues et le génie mathématique. Or un certain Goldbach, mathématicien de talent au service du vice-chancelier du tsar, était parvenu à déchiffrer les messages diplomatiques de Paris. La première dépêche secrète interceptée provenait du ministre français des Affaires étrangères, Amelot. Elle était adressée au comte de Castellane, ambassadeur de France à Constantinople. Cette missive affirmait que la France cherchait à « faire revenir la Russie au néant » et que l'Empire ottoman devait en profiter pour reprendre l'avantage sur la scène internationale. Cette position avait été naturellement portée à la connaissance de l'impératrice Élisabeth...

Ne comprenant pas les raisons de sa disgrâce, La Chétardie s'enflamma jusqu'à perdre la face au cours d'un bal masqué. Il s'avisa même de « bousculer[1] » la belle souveraine en lui faisant une scène emplie de vifs reproches. La tsarine, d'un ton amène, s'appliqua en souriant à l'apaiser, parla de malentendu et se refusa à aborder en plein divertissement une discussion politique. L'ambassadeur attendit un signe encourageant dans les jours qui suivirent. En vain.

Isolé au milieu de son corps diplomatique, le marquis, jugeant sa situation intenable, demanda lui-même son rappel à Versailles. Pourtant, un changement d'attitude de la part d'Élisabeth allait lui faire regretter sa résolution. Aux yeux de la jeune souveraine, il y avait en effet deux personnages en La Chétardie, qu'elle traitait tour à tour de façon différente. D'une part, le courtisan élégant, brillant causeur, qui lui plaisait beaucoup ; d'autre part, le diplomate, qui l'embarrassait. Mais en ce début de septembre 1742, dans le carrosse qui le ramenait de Moscou en France via Saint-Pétersbourg, Berlin et Francfort, La Chétardie avait tout le temps

1. Selon le terme même de la dépêche diplomatique britannique.

de réfléchir et de se remémorer ses extraordinaires aventures à la cour des tsars…

À peine était-il rentré en France que Louis XV reçut une lettre de la tsarine demandant qu'on lui renvoie son ambassadeur. Ainsi le marquis fit-il le chemin inverse l'année suivante. Mais cette seconde ambassade allait être brève et surtout affligeante pour La Chétardie. Les controverses politiques franco-russes, ajoutées aux blessures personnelles, achevèrent bientôt de ruiner la carrière diplomatique de l'ex-favori. Trahi par ses amis, entouré d'ennemis puissants, dédaigné par la souveraine, il se sentait bien seul.

Il ignorait que les Russes avaient décrypté et transcrit ses propres dépêches secrètes adressées au roi de France, et que ses opposants s'étaient empressés de faire lire cette « mine » à Élisabeth :

> C'est la pierre philosophale à trouver, écrivait La Chétardie à Versailles, tant est grande sa dissipation, tant elle est effrayée de ce qui a la moindre apparence de conversation sérieuse. Sa vanité, sa légèreté, sa conduite déplorable, sa faiblesse et son étourderie ne laissent de place à aucune négociation sérieuse.

Quelques mots désobligeants, surtout, allaient être fatals à l'ambassadeur. S'il consentait à admettre que la tsarine était à son goût, il ajoutait avec une cruelle et audacieuse franchise :

> Bien qu'elle ait les hanches d'une cuisinière polonaise…

L'offense était publique. Élisabeth ne pardonna pas ces écarts de langage, qui de surcroît faisaient état de leurs relations intimes. En fait, le marquis ne l'intéressait déjà plus.

Le 17 juin 1744, alors que La Chétardie rentrait chez lui, le chef de la chancellerie secrète l'aborda pour lui signifier qu'il était désormais *persona non grata*. Le marquis fut bien obligé de se résigner à quitter la Russie lorsqu'on lui fit lire des extraits de sa correspondance chiffrée… Ce fut accompagné d'un détachement de six grenadiers et d'un sous-lieutenant qu'il restitua sa tabatière ornée du portrait de la tsarine et sa croix de Saint-André. Alors qu'il tentait de résister et même d'armer les seize Français de son escorte, les instructions de Versailles tombèrent : céder et ne pas aggraver son cas.

Sa disgrâce était sans appel. Elle avait en outre envenimé les relations entre la France et la Russie. Celui qui aurait pu devenir un grand favori, voire le maître de toutes les Russies, partit donc pour le front en Italie avant d'entreprendre une nouvelle carrière diplomatique comme ambassadeur à Turin. Fidèle à lui-même, il voulut obtenir les faveurs de la maîtresse du roi de Sardaigne et fut une fois de plus contraint de s'exiler. L'enfant terrible de Versailles mourut dans l'oubli en 1758.

J'ai souvent l'occasion de me rendre dans son château médiéval situé en Charente, où le propriétaire actuel, Lucien Tisseuil, conserve précieusement le souvenir du célèbre ambassadeur. Il aime à répéter les derniers mots du marquis :

« En regardant les paysages de ma chère Charente, je pense aux neiges immaculées de la Russie. Certes, je ne suis pas devenu son tsar, mais Élisabeth est restée l'impératrice de mon cœur... »

Où se cache la vérité ? Dans ses dépêches officielles à l'intention du roi de France ou dans ces dernières paroles ? Celles-ci, en tout cas, me réconcilient définitivement avec ce brillant séducteur qui a scellé par ses aventures un chapitre essentiel du roman des tsars.

LA COUR D'ÉLISABETH

Au milieu du XVIIIe siècle, la cour des Romanov n'offrait pas un spectacle des plus réjouissants.

Catherine II remarqua plus tard, dans ses *Mémoires*, que les palais des tsars, dépourvus de tout confort et des commodités les plus élémentaires, étaient fréquemment la proie des flammes.

L'hiver, dans la chambre à coucher de l'impératrice, on faisait souvent entrer une section de soldats « pour chasser le froid », en leur donnant l'ordre : « Respirez bien chaud ! » Ainsi le souffle de ces hommes réchauffait-il la pièce...

La Cour ressemblait à un bivouac, à un campement en perpétuel déménagement. L'entourage d'Élisabeth rappelait ces nomades semblables aux anciens Scythes : les vêtements des femmes étaient mi-masculins, mi-féminins ; souvent le pantalon remplaçait la jupe. Les dames du palais vivaient dans des tentes et dans des cabanes. Elles se pressaient, frissonnantes, autour de feux de bois et accouchaient au milieu des soldats...

Où le diable les poussait-il ? Fouette cocher ! Et la Cour se mettait brusquement en mouvement. On entassait sur les chariots les services de table, les commodes, les toilettes, les tableaux de Rubens et les lits. Et le cortège s'ébranlait. Tout craquait, cognait, tintait.

Une seule nuit, l'on fit halte trois fois de suite, afin que les courtisans puissent se réchauffer auprès d'un feu. On mangeait dans de la vaisselle en or, mais les tables n'avaient pas de pieds. À la place, on mettait des bûches. Partout, on accrochait des chefs-d'œuvre venus de toute l'Europe. Mais il n'était pas question de s'arrêter quelque part. Les murs des palais laissaient voir des fissures larges d'un doigt !

En cours de route, on construisait en vingt-quatre heures les logements destinés à la tsarine et à sa suite. Les paysans y procédaient avec leurs haches. Ils frappaient, frappaient ! Et c'était fait. Souvent les portes étaient mal disposées. Parfois même, on oubliait d'en ménager.

Quelqu'un sur une planche se laissait-il glisser depuis une fenêtre ? C'était une dame d'honneur, la belle princesse Gagarine, qui partait dans les buissons pour satisfaire ses besoins. Chats, cafards, chiens, punaises, puces, mouches étaient partout...

Mais les étrangers reçus à la Cour ne remarquaient pas toujours ce nomadisme insolite. On ne leur montrait que la façade de la Russie, un extérieur doré. Les jours de réception, les ambassadeurs étaient introduits le long de colonnades somptueuses et progressaient sur de riches parquets.

Les écrits des diplomates – comme les témoignages des contemporains – soulignaient avec délices ce fantastique mélange de luxe et de grossièreté propre à la cour des tsars.

C'est ainsi que l'impératrice Élisabeth, réputée pour sa coquetterie, pouvait changer de robe deux ou trois fois par jour, ne revêtant jamais la même. À sa mort, on en dénombra quinze mille, venues de Paris, sans compter des milliers de paires de chaussures auxquelles il fallait encore ajouter les habits et les souliers perdus dans divers incendies.

Ce goût des tenues et des parures la rendait d'une jalousie redoutable. Elle en voulait surtout à la belle Nathalie Lopoukhine. Un soir de réception, elle fit agenouiller cette dame qui avait eu le front de porter, comme elle, une fleur dans sa chevelure. La tsarine gifla alors l'insolente. Par la suite, la pauvre femme fut compromise dans un complot. Condamnée à mort, elle fut graciée à l'instant même où elle allait être exécutée, mais le bourreau, lui ayant mis à nu le haut du corps, la fouetta tout de même, puis lui trancha la langue.

Les punitions étaient sévères dans l'empire des tsars. S'il est vrai qu'Élisabeth abolit la peine capitale, les condamnés n'en étaient pas moins férocement traités : entre autres supplices, on leur coupait les narines…

À première vue néanmoins, ce règne ressemblait à une fête permanente, conduite par une tsarine plus occupée à ses plaisirs qu'à ses devoirs d'État. L'impératrice fit bientôt de Saint-Pétersbourg cette fabuleuse «Palmyre du Nord» dont toutes les cours d'Europe parlaient avec admiration. De magnifiques palais s'élevèrent le long de la Neva et, dès 1750, la ville comptait déjà près de cent mille habitants.

Le luxe des grandes demeures et des monuments, la beauté des ponts, la largeur des avenues, laissaient loin derrière Moscou, l'ancienne capitale. Posé sur ses pilotis de chêne, Saint-Pétersbourg occupait les îles de la Neva et les dépressions qui la bordaient. Cent quarante et un ponts, dont certains réservés aux piétons, et une multitude de canaux soulignaient sa ressemblance avec Venise. Cette similitude se révélait frappante dans ses meilleurs jours comme dans ses mauvais, sous la brume dorée du soleil ou sous la fine maille des pluies fréquentes, ou encore dans la lumière insolite des nuits blanches qui rappelaient la proximité du cercle polaire.

Sous le règne d'Élisabeth, les artistes venus de l'Europe entière commencèrent à se montrer, mais en immigrés d'un jour que le gain attire et que le succès ne retient pas. Le style architectural de Saint-Pétersbourg, qui porte l'appellation de «baroque élisabéthain», est principalement lié au nom de Bartolomeo Rastrelli (1700-1771). L'Italien y construisit en effet de magnifiques résidences et plusieurs monuments dont le palais d'Hiver – pour lequel Élisabeth dépensa des fortunes sans pouvoir jamais s'y installer, puisque la première partie du bâtiment ne fut achevée qu'un an après son décès –, mais aussi des églises et des hôtels particuliers. Tout riche propriétaire foncier s'enorgueillissait alors de sa demeure, édifiée dans le style de l'architecte préféré de l'impératrice.

À la même époque, une charmante légende, née à la cour d'Élisabeth, mit en valeur l'attachement de la tsarine à la France. N'ayant plus de représentation diplomatique à Saint-Pétersbourg depuis le renvoi du marquis de La Chétardie, Louis XV avait recours à des agents secrets, au nombre desquels se trouvait le chevalier d'Éon. Hostile à la Russie, Versailles considérait la cour des tsars avec dédain. Mais la France ignorait tout de la situation de l'« empire du Septentrion ». La preuve en est ce questionnaire remis à son agent d'origine écossaise, Mackenzie Douglas, par lequel on lui demandait de fournir des renseignements sur l'état de l'armée et de la flotte russes, l'économie du pays, les dispositions de l'impératrice, et même sur la qualité de ses fourrures, etc[1]. À Saint-Pétersbourg, en revanche, on connaissait bien la France, et une partie des conseillers d'Élisabeth tentait depuis longtemps de la persuader qu'une alliance avec Louis XV serait de la plus grande utilité.

Le rédacteur des *Mémoires du chevalier d'Éon* affirme qu'il fut engagé comme « lectrice auprès de l'impératrice, déguisé en femme sous le nom de Lia de Beaumont ». Les historiens prouvèrent par la suite que l'épisode n'était qu'une légende. Il n'en demeure pas moins que, sous la couverture de secrétaire du représentant secret de la cour de Versailles, l'Écossais Douglas, Éon eut accès à la tsarine et favorisa le rapprochement franco-russe :

> « Plus près, venez plus près, nous pourrons parler moins haut », dit Élisabeth. [...] Je commençai à trembler, affirma le chevalier d'Éon. J'étais pris entre l'impératrice d'un côté et monseigneur de Conti de l'autre. Celui-ci m'avait bien chargé de lui négocier une femme, mais il ne m'avait pas chargé d'aller plus loin.
> « Comment faire ? », me disais-je : trahir un prince, c'est dangereux ; mais résister à une souveraine, ce l'est plus encore. [...] Tel était le raisonnement entre les branches duquel je me sentais serré comme entre celles d'un étau. [...]

1. Les Russes sont également parvenus à déchiffrer ces dépêches.

Pour un diplomate débutant, il y avait de quoi se trouver embarrassé. Dans ma perplexité, je jetai sur Sa Majesté un regard suppliant, pour implorer sa pitié et lui demander grâce. La tsarine avait les lèvres bleuâtres, turgides, les pommettes enluminées, les paupières enflammées et l'œil humide. Sa figure reluisait de ce vernis liquéfié que revêt la passion, quand le feu des désirs la met en ébullition dans notre âme, et qui transpire et se répand, comme une huile, à notre surface. Trempée d'une moiteur impure, sa peau suait la lascivité par tous les pores. En apercevant son bras nu qui pendait, sa gorge indécemment découverte, sa poitrine débraillée, ses cheveux dénoués qui s'échappaient de leur réseau et tombaient en désordre sur des épaules dépouillées de tout voile ; en la considérant haletante de volupté, pantelante de luxure, je crus voir une bacchante ivre ou affamée. Je baissai les yeux aussi vite que je les avais levés. Tout ce que m'avait raconté Vorontsov [vice-chancelier russe, NDLA] de sa souveraine et de ses orgies me revint à la pensée. Je me dis que cette femme, qui était là devant moi, avait reçu dans ses bras je ne sais combien d'hommes, ramassés au hasard et dans la rue ; que sa bouche, son cou, son sein avaient été maculés, flétris par des baisers de soldats. [...] Et je reculai devant cette ruine impériale, salie par tant de souillures, délabrée et minée par tant de désordres. [...] Mais une fois lancée, la tsarine n'était plus femme à s'arrêter ; quand ses passions avaient bride sur le cou, elles franchissaient, d'un bond, tous les obstacles. Je fus acculé, dit le chevalier d'Éon, dans mes derniers retranchements !

Et d'achever son récit sur deux grands éclats de rire de l'impératrice. Le premier lorsqu'elle découvrit la supercherie du travesti, le second en constatant qu'« un mauvais génie dominait et paralysait »... la virilité de Lia de Beaumont !

La réalité fut, semble-t-il, tout autre, car les archives de l'Empire confirment qu'aucune dame d'honneur répondant au nom de Lia de Beaumont ne fut attachée au service de la tsarine. Et quoi qu'il en ait été, même selon ces *Mémoires*, la seule preuve d'affection que Lia aurait pu donner à sa souveraine eût été de... « lui gratter les pieds ». Élisabeth, en effet, refusait de dormir tant qu'il faisait nuit – elle avait une peur viscérale de l'obscurité – et avait coutume de passer ces longues veilles en compagnie de ses lectrices qui, tout le temps que duraient leurs conversations, lui frottaient doucement et à tour de rôle la plante des pieds. Ce n'était qu'aux premières lueurs de l'aube, lorsque apparaissait un favori, que les jeunes femmes se retiraient. La tsarine prenait ensuite du repos jusqu'à midi, sous la protection de son intendant qui veillait derrière les tentures, la main sur la garde de son épée.

À la fin de l'année 1755, Lia de Beaumont était de retour à Versailles avec, glissée dans la couverture truquée d'un livre de Montesquieu, une dépêche d'Élisabeth à l'attention de son « frère Louis XV ».

Malgré les dissensions qui existaient entre leurs deux pays, l'impératrice avait toujours de la sympathie pour ce roi de France à qui son illustre père avait tant souhaité la marier. (Elle éprouvait en revanche une vive animosité à l'égard de Frédéric II, parce que le roi de Prusse, disait-elle, « n'a[vait] pas la crainte de Dieu », qu'il « ne cro[yait] pas en Dieu, n'[allait] pas à l'église et ne vi[vait] pas, selon la loi, avec une épouse ».)

Néanmoins, Louis XV resta longtemps hostile à la Russie pour la simple raison que, dans la guerre de la Succession de Pologne, l'alliance russo-autrichienne l'avait emporté et avait chassé du trône son beau-père, Stanislas Leszczy ski.

Une obscure princesse allemande

ÉLISABETH INVENTE CATHERINE II

Élisabeth fut donc la première à faire plutôt bonne figure dans ce que les historiens nomment le « siècle des tsarines ». Vingt ans de règne en firent une impératrice de transition entre Pierre le Grand et Catherine II, prolongeant l'œuvre du premier et préparant les réformes de la seconde.

Ne pouvant pas avoir d'enfants, Élisabeth adopta son neveu, Pierre de Holstein, le fils de sa défunte sœur aînée Anna et de Charles de Holstein-Gottorp, se donnant ainsi un héritier. L'orphelin, âgé de quatorze ans, déçut d'emblée la Cour à son arrivée, en 1742.

Maigre, mal proportionné, ignare et violent, l'adolescent disgracieux ne jurait que par Frédéric II de Prusse, méprisait les Russes et n'accepta d'apprendre leur langue et de se former à leurs usages que sous la contrainte. L'impératrice se consola en se disant que, l'âge ingrat passé, les choses prendraient peu à peu meilleure tournure. Deux années s'écoulèrent, mais ni le caractère du jeune homme ni son physique ne paraissaient pouvoir s'améliorer.

La tsarine pensa alors que le mariage pourrait lui être bénéfique. Sans doute le choix de la fiancée fut-il dicté à Élisabeth par le souvenir de Charles-Auguste de Holstein qui lui avait été promis et avait trouvé la mort avant de l'épouser. Cet amour « laissé en suspens » allait ainsi décider de la prodigieuse fortune de Sophie

Frédérique Augusta d'Anhalt-Zerbst, nièce du défunt tant regretté, surnommée « Figchen »[1].

La maison Anhalt – dont les Zerbst étaient l'une des huit branches – tenait un rang plutôt modeste dans l'aristocratie européenne. Le prince Christian-Auguste gagnait sa vie dans les armées où Frédéric II, son maître, l'avait gratifié du titre de maréchal. Installé à la tête de sa toute petite principauté, Christian-Auguste s'unit sur le tard à Jeanne-Élisabeth de Holstein-Gottorp. Il avait trente-sept ans ; elle, seulement quinze. Coquette, dominatrice, intrigante et dépensière, elle rêvait constamment « au-dessus de ses quartiers de noblesse ». Un premier accouchement n'arrangea pas ses humeurs. Elle espérait un garçon capable de rehausser le rang de la famille désargentée, ce fut une fille. Dieu sait que cette petite princesse allemande ne s'attendait pas à monter un jour sur le trône du plus grand empire d'Europe, lorsqu'elle jouait sur la grand-place de Stettin avec les enfants de la ville !

Mais une lettre allait changer son destin.

Sa mère fut conviée à se rendre en Russie, accompagnée de la demoiselle. Le sens de cette missive était clair : l'impératrice de toutes les Russies voulait marier son successeur désigné.

Si politiquement le parti paraissait enviable, humainement, il était un désastre. La princesse Dachkova, célèbre mémorialiste du temps, décrivit ainsi l'héritier d'Élisabeth :

> Se présenter le matin à la revue en caporal-chef, bien déjeuner, boire un bon vin de Bourgogne, passer la soirée avec ses bouffons et quelques femmes, exécuter les ordres du roi de Prusse, voilà ce qui faisait le bonheur de Pierre III.

À peine arrivée, Sophie se retrouva donc isolée au cœur d'un nid de vipères politiques.

1. Issue de la petite noblesse allemande, la princesse Sophie n'adopta le prénom de Catherine qu'après s'être convertie à l'orthodoxie pour épouser Pierre de Holstein. Voir le chapitre suivant.

SOPHIE DEVIENT CATHERINE

La volonté d'intégration de Sophie contrastait avec le mépris que le futur époux affichait envers tout ce qui était russe. Les sacrifices que s'imposait la jeune fille suscitaient l'admiration.

Sophie mettait un tel acharnement à apprendre la langue et la religion de son nouveau pays qu'elle se relevait la nuit pour réviser ses leçons de russe. Sans y prendre garde, elle contracta ainsi une pneumonie et se retrouva vingt-sept heures entre la vie et la mort, contrainte de subir seize saignées.

Changer de confession n'embarrassait guère la postulante : « Le trône des tsars valait bien une messe », dit-elle plus tard à son favori Orlov, paraphrasant le célèbre mot d'Henri IV. Le processus qui y conduisait était en tout cas relancé…

En attendant, Pierre voyait surtout en sa fiancée une camarade de jeux, une confidente ou une complice dans les altercations qui l'opposaient aux grandes personnes. Sophie raconta ainsi :

> Il me dit entre autres que ce qui lui plaisait le plus en moi, c'était que j'étais sa cousine issue de germain, et qu'au titre de sa parenté il pouvait me parler à cœur ouvert, ensuite de quoi il me dit qu'il était amoureux d'une des filles d'honneur de l'impératrice, […] qu'il aurait bien voulu l'épouser, mais qu'il s'était résigné à m'épouser parce que sa tante le désirait. […] Je regardais avec étonnement son imprudence et son manque de jugement sur quantité de choses.

Si Sophie déchanta, elle ne se ravisa pourtant point, ajoutant un peu plus loin :

> Il m'était à peu près indifférent, mais la couronne de Russie ne me l'était pas !

Les deux adolescents avaient alors le même intérêt à défendre leurs prétentions au trône des tsars. Et la même crainte des mouvements d'humeur de l'impératrice Élisabeth.

À compter de la cérémonie d'abjuration, le 28 juin 1744, Sophie cessa d'exister.

Pourquoi l'obligea-t-on à changer d'identité ? Le prénom que ses parents lui avaient donné était certes commun en Russie depuis qu'Ivan III avait épousé Sophie Paléologue, mais inacceptable pour Élisabeth, puisque c'était celui de la demi-sœur détestée de Pierre le Grand, la régente Sophie… On baptisa donc Catherine la future épouse de l'héritier, prénom auquel fut apposé le patronyme Alexeïevna (fille d'Alexis).

Les fiançailles furent ensuite célébrées. Ces accordailles faillirent pourtant bien être rompues du fait de la mère de Catherine qui, ayant accompagné sa fille jusqu'à la cérémonie nuptiale, multiplia les imprudences et les dettes. À cela s'ajouta la variole qui frappa Pierre. Durant sa maladie, Catherine fut tenue éloignée, afin d'éviter toute contagion. Quand elle revit son fiancé, celui-ci avait grandi, mais était devenu « hideux ».

Le mariage eut lieu en 1745. Pierre avait dix-sept ans, Catherine seize. Le jeune époux avait beau se vanter de ses conquêtes amoureuses, on le savait incapable de conclure à cause d'une petite malformation congénitale (craignant le bistouri, il refusait l'opération). Le soir des noces, Catherine attendit en vain deux heures dans la chambre nuptiale. Pendant ce temps, Pierre mangeait et buvait. Quand il eut fini de banqueter, il entra dans la chambre et annonça : « Les valets voudraient nous voir nous mettre au lit ! » Mais il s'endormit immédiatement…

On sait[1] comment une « céleste » inspiration lui fit bien plus tard suggérer à son épouse de violer si nécessaire le pacte conjugal, afin de donner un héritier au trône…

---

1. Notamment grâce aux indiscrétions de la princesse Dachkova.

Comme Catherine semblait ne pas comprendre, la tsarine Élisabeth la convoqua et lui aurait dit sans ambages :

« Ma chère, voilà neuf ans que vous convolez sans descendance. Ceci est fâcheux. Puisque mon neveu paraît inapte à nous donner un héritier, je ne saurais trop vous recommander d'y remédier au plus vite. Je vous suggère deux noms : Narychkine ou Saltykov.

– Narychkine ?, s'exclama Catherine[1].

– Alors, ce sera Saltykov », trancha l'impératrice.

Des années plus tard, le tsar Paul Ier, fils de Catherine II, fit appeler Saltykov pour lui demander si la rumeur de sa paternité était fondée. Le vieux comte, effrayé par le violent monarque, répondit prudemment :

« Majesté, nous étions nombreux auprès de l'impératrice... »

Désappointé, Paul n'insista cependant pas.

Le scénario se renouvela lors de la naissance de la cadette, Anna (fille du prince Poniatowski).

Même si le grand-duc Pierre prétendait ignorer qui était le responsable de ces grossesses répétées, il fêtait lui-même chaque fois gaillardement l'événement.

Soyons clair : en réalité, il avait déjà en quelque sorte mentalement répudié son épouse. Pourquoi repoussait-il cette femme que tout un chacun se plaisait à trouver séduisante, intelligente et déterminée ? Pourquoi s'entichait-il de laiderons bornés, comme sa maîtresse en titre, Élisabeth Vorontsov ? Peut-être le complexe d'infériorité qu'il ressentait vis-à-vis de Catherine lui était-il insupportable...

1. C'était alors un monsieur âgé.

PIERRE III OU LA PRUSSOMANIE

La fin de 1761 vit s'éteindre l'impératrice Élisabeth et Pierre III accéder au trône. On allait surtout retenir de ce tsar fantasque le manifeste du 18 février 1762 sur les franchises de la noblesse. Les nobles, assujettis en permanence au service de l'État, furent délivrés de cette obligation, sauf en temps de guerre. Ils eurent ainsi toute liberté de s'occuper de leurs domaines et de se consacrer aux lettres, aux sciences ou aux arts. Une nouvelle classe d'hommes émergea, qui privilégiait les études et la réflexion.

Pierre III fut donc l'un des promoteurs de l'intelligentsia russe. Mais il le devint par hasard. Selon le témoignage du prince de Ligne, le jeune tsar voulut se divertir en une compagnie autre que celle de sa maîtresse attitrée. Pour se disculper de son absence, il invoqua l'obligation de rédiger une loi importante et chargea un de ses collaborateurs d'en concevoir le texte. Ainsi apparut le fameux manifeste que le monarque signa sans sourciller.

Ayant fait de son oncle, le prince Georges de Holstein, le chef des armées, Pierre III imposa les uniformes et les règlements militaires prussiens. Non content de mettre fin à sa participation à la guerre de Sept Ans, il ordonna la restitution immédiate des places et territoires que les troupes russes avaient pris à Frédéric II. Officiers et soldats ne purent que constater, amers, qu'ils s'étaient battus pour le roi de Prusse qu'ils croyaient leur ennemi.

Sur cette toile de fond, Catherine et Pierre coexistaient tant bien que mal. Le tsar avait pour maîtresse, nous l'avons dit, Élisabeth

Vorontsov, la nièce du chancelier, et avait toléré naguère la liaison de Catherine avec le Polonais Stanislas Poniatowski. Contraint de quitter la Russie à la fin du règne d'Élisabeth, celui-ci crut son heure venue à l'annonce de la mort de l'impératrice. Il fit alors savoir qu'il brûlait de revenir à Saint-Pétersbourg.

« N'en faites rien », lui répondit Catherine avec lucidité. « La situation est telle que votre présence, et même la poursuite de relations épistolaires, causerait le plus grand tort à chacun de nous. »

N'ayant elle-même pas une goutte de sang russe dans les veines, elle ne voulait pas attiser la xénophobie en admettant un nouvel étranger dans son cercle le plus intime. À cette raison politique avouée s'ajoutait en outre un motif d'ordre personnel, moins facilement dévoilé : le raffiné Polonais avait été tout bonnement remplacé, depuis deux ans, par le plus rustre – mais très russe, celui-là – Grigori Orlov.

Pour autant, l'ancien favori ne fut pas oublié, puisqu'en 1764 Catherine, devenue impératrice, lui procurera la couronne de Pologne.

Piètre consolation pour un homme qui, écrivait Henri Troyat, « n'obtint qu'un trône, alors qu'il briguait le lit » !

LE LIEUTENANT DE LA GARDE

Grigori Orlov, après s'être vu infliger trois blessures au cours du conflit avec les Prussiens, retourna à Saint-Pétersbourg où il fut chargé de la surveillance d'un prisonnier de guerre, le comte Schwerin.

Pierre III, féru de tout ce qui touchait à la Prusse, venait souvent bavarder avec ce détenu, parfois même accompagné de son épouse. Ce fut ainsi que Catherine fit la connaissance d'Orlov, même si la légende prétend qu'elle tomba sous le charme de ce fringant officier de la Garde en l'apercevant de sa fenêtre.

En tout état de cause, Orlov était beau, grand et «béni», pour reprendre la formule d'un diplomate anglais :

> Avec tous les avantages de la figure, du visage et de la manière, cet officier est venu d'une race de géants – les cinq frères sont également gargantuesques.

Son visage, disait souvent Catherine, avait «quelque chose d'angélique». Mais il était aussi ce genre de joyeux militaire aimé de tout le monde. Ses camarades de régiment le décrivaient comme un homme simple et sans prétention, affable, toujours de bonne humeur et honnête.

Orlov était le fils d'un modeste gouverneur de province. Tout le contraire, donc, des rejetons des familles aisées de la capitale. Après le précieux aristocrate polonais Poniatowski, Grigori Orlov, avec sa vigueur physique, sa gentillesse légendaire et surtout son goût pour la politique, entrait en odeur de sainteté.

Le charme féminin était une arme importante entre les mains de Catherine ; elle l'utilisait habilement et en toute conscience. Dans ses archives figure un billet de son écriture, qui résume ses conseils aux diplomates :

> Étudiez les hommes, efforcez-vous de les utiliser, mais ne leur faites pas crédit sans discernement.

Elle-même suivit ces principes toute sa vie…

Le désir des frères Orlov de hisser Catherine au sommet de l'État n'était pas partagé par tous. Le comte Panine, le précepteur du grand-duc Paul[1], par exemple, tout en étant hostile à Pierre III, souhaitait que la couronne des tsars fût donnée à cet enfant, un conseil de régence avec Catherine se chargeant de la direction du pays.

Mais Catherine ne voulait pas d'une régence. Non seulement parce que tous les régents, ces soixante-dix dernières années, avaient mal fini, mais encore parce que, venue en Russie à l'âge de quinze ans pour y épouser l'héritier, la princesse d'Anhalt-Zerbst se préparait depuis longtemps à accéder au trône.

En attendant, elle disposait du soutien des frères Orlov et de leur joyeuse bande. Le plus impressionnant était sans doute le frère aîné, Alexis, un être totalement dénué de préjugés. Une cicatrice sur son visage mettait en exergue sa nature brutale.

Ces caractères trempés allaient devenir une réelle force de frappe politique. Le rapprochement avec leur clan s'opéra après le décès de l'impératrice Élisabeth. Sur leur recommandation, Catherine devait se tenir prête à conduire un éventuel coup d'État. Mais une difficulté inattendue surgit : la jeune femme découvrit qu'elle était de nouveau enceinte (cette fois de Grigori Orlov). Elle cacha soigneusement son ventre, mais politiquement, elle était provisoirement hors jeu…

---

1. Le fils de Catherine et de Pierre III, futur Paul Ier, alors âgé de huit ans.

Pour l'heure, Pierre continuait de gaspiller son capital politique par ses enfantillages. Se maintiendrait-il ou tomberait-il ? Et s'il tombait, quel parti l'emporterait après lui ? Catherine serait-elle balayée par une révolution de palais ? Ces questions étaient sur toutes les lèvres.

Inquiète, Catherine vivait alors comme une femme abandonnée, tenue à l'écart de la Cour, car son mari ne permettait à aucun de ses amis de l'approcher. Et la situation empirait chaque jour. Dans les régiments commençait à courir le bruit d'une dissolution prochaine de la Garde. Le tsar ne semblait pas se rendre compte que la masse de mécontentements approchait du point critique. Dans ce contexte dramatique, Catherine avait toutes les raisons de croire à l'annonce de sa répudiation.

Et comme pour lui donner raison, Pierre avantageait sans vergogne Élisabeth Vorontsov, sa maîtresse, et ne faisait pas mystère de ses intentions. La jeune sœur de celle-ci, la princesse Dachkova, quoique filleule du souverain, prit parti pour Catherine. Elle écrivit plus tard dans ses *Mémoires* :

> Pierre parlait à voix basse et à mots couverts, mais en termes non équivoques, de l'intention où il était de la déplacer et de l'élever au trône des Romanov, disait-il en désignant ma sœur.

Cette nouvelle ne manqua pas d'inquiéter la tsarine, car la répudiation signifiait au mieux la réclusion dans un monastère, au pire la mort, selon la vieille tradition d'Ivan le Terrible.

Comble de la goujaterie, Pierre alla même jusqu'à prier son épouse de remettre à sa maîtresse l'ordre de Sainte-Catherine, réservé aux plus proches parents du souverain.

Un nouveau scandale éclata quand le tsar menaça de faire déclarer illégitime le dernier fils de Catherine, afin de la contraindre à la séparation.

La nuit même, le capitaine de la Garde, Passek, comptant parmi les plus fervents partisans de Catherine, fut arrêté. Bien que les nobles fussent rarement torturés, la menace était là : le prisonnier ne manquerait pas de chanter.

Cette fois, les dés étaient jetés.

Le mécanisme arrangé par les frères Orlov se mit en marche avec une rapidité et une précision incroyables.

Le premier acte de ce drame se déroula à Peterhof où, depuis la disparition de l'impératrice Élisabeth, Pierre avait prié son épouse de s'installer. La nuit décisive du 27 au 28 juin 1762, ayant appris l'arrestation d'un des conjurés de la Garde, Alexis Orlov se précipita « comme l'éclair » auprès de Catherine et pria « Sa Majesté de monter sur-le-champ dans la voiture pour gagner la caserne du régiment Izmaïlovski, où elle sera[it] aussitôt proclamée souveraine ».

Les comploteurs se hâtèrent, en dépit de l'heure avancée, de rejoindre l'Académie des sciences, conscients que le temps pouvait jouer en leur défaveur. Sur le trajet, le propriétaire d'une imprimerie fut tiré de son lit. On informa le vieillard totalement abasourdi que, dans les caves de l'Académie, des typographes et des imprimeurs se tenaient prêts à publier un manifeste, et qu'il aurait à surveiller et à corriger leur travail. Il risquait sa tête s'il quittait le local avant que le manifeste eût paru.

Grigori Orlov devint alors le fer de lance du coup d'État, préparant les commandants de régiments à accueillir la proclamation qui allait être placardée. Ce fut pourtant à son frère Alexis qu'incomba le rôle le plus important : la responsabilité de conduire Catherine de Peterhof à la capitale.

Le coup d'État devait réussir ce jour-là – ou jamais.

Le 28 juin au matin, brisée par les émotions de ces deux derniers jours, Catherine revêtit son vieil et cher uniforme du régiment Semionovski que son mari avait dissous. Elle était belle, d'allure princière ; ses yeux brillaient de courage, de témérité chevaleresque. Ses hommes voyaient en elle la tsarine, l'héroïne, mais aussi la femme désirable : Catherine était leur chef, le vrai.

À son côté, la jeune princesse Dachkova était, elle aussi, éblouissante en uniforme.

Catherine descendit l'escalier extérieur du palais et, avant même qu'un des hommes présents n'ait pu l'aider, s'élança sur son cheval, un pur-sang blanc. Elle s'aperçut alors qu'elle n'avait pas de dragonne. Un jeune lieutenant de la Garde, voyant sa main chercher une arme, arracha son sabre et se porta aussitôt au-devant de l'impératrice pour le lui tendre. Catherine s'en saisit vivement et posa en souriant son regard sur le visage extasié du jeune homme. Il dépassait par sa taille tous ses camarades et pouvait incontestablement rivaliser de beauté avec Orlov... Son nom était Potemkine. Il n'allait pas tarder à tenir une place unique dans la vie de Catherine.

La tsarine remercia son chevalier servant et partit au galop. À la sortie de la ville, elle fit défiler les troupes, régiment par régiment. Dans son uniforme brodé d'argent, le sabre nu à la main, maîtrisant son cheval qui piaffait d'impatience, une branche de chêne[1] fixée à son tricorne, débordante de vaillance et d'ardeur, elle apparaissait aux siens comme une vraie déesse de la Guerre.

Chaque régiment défila au son de sa musique que recouvrait presque la clameur d'hommage des troupes. Il était 10 heures du soir quand passa la dernière compagnie, mais en cette nuit blanche, le soleil s'attardait encore haut sur l'horizon. Catherine donna le signal du départ, et les soldats traversèrent les prairies pour contourner les régiments en marche.

Une sorte de charme puissant planait sur cette petite armée qui s'avançait : le magnétisme qui émane d'une créature jeune, volontaire et audacieuse. Étonnant spectacle que ces hommes prêts à se sacrifier pour ce bout de femme...

À dire vrai, la destitution de Pierre III ne surprit personne tant, depuis la mort de Pierre le Grand, les coups de force s'étaient succédé.

Moins ordinaire était l'accession au trône d'une princesse allemande n'ayant aucun lien de parenté avec les Romanov, ce qu'on ne pouvait dire ni des deux Anna, ni d'Élisabeth, ni de Pierre III, tous à cinquante pour cent issus de cette lignée.

Un précédent existait pourtant : Catherine Ire était devenue impératrice parce qu'elle était l'épouse de Pierre le Grand. De la

1. Le feuillage de la gloire pour les peuples du Nord.

même façon, Catherine II fit valoir ses droits au trône des tsars en tant qu'épouse de Pierre III. Mais si, dans le premier cas de figure, l'empereur était mort naturellement, dans le second, il allait être assassiné…

LE ROMAN NOIR D'UNE IMPÉRATRICE

Catherine avait voulu être impératrice de Russie. Son vœu était à présent exaucé.

Son long règne occupera un tiers du siècle, regorgera de guerres intérieures et extérieures, de terribles épidémies, de dures épreuves. Mais la nouvelle tsarine était moins attirée par les attributs du pouvoir que par le pouvoir lui-même, bien décidée à gouverner constamment, activement.

Pour l'heure, les frères Orlov, l'âme de la conspiration, étaient déchaînés et leurs camarades de la Garde ne l'étaient pas moins…

Au matin du 7 juillet, Catherine parcourait avec fébrilité une feuille de papier froissée sur laquelle Alexis Orlov avait griffonné ces mots, conservés dans les archives :

> Petite mère ! Gracieuse impératrice ! Comment exprimer et décrire ce qui s'est passé ? Tu ne pourras pas croire ton fidèle esclave, et pourtant je dirai la vérité comme si j'étais devant Dieu. Petite mère, je suis prêt à mourir, mais je ne sais pas moi-même comment le malheur est arrivé. Nous sommes perdus si tu ne nous fais pas grâce. Petite mère… il n'est plus. Mais personne n'a eu cette pensée : comment aurions-nous seulement imaginé de lever la main sur l'empereur ? Et pourtant, petite mère, le malheur s'est produit. À table, il en vint à se disputer avec le prince Feodor, et avant que nous pussions les séparer, il n'était plus ! Nous ne savons même pas ce que nous avons fait : nous sommes tous coupables et méritons le châtiment ; sois-moi miséricordieuse en pensant à mon frère ! Pardonne ou ordonne de mettre rapidement fin à ma vie.

> La lumière du jour me fait horreur. Nous avons mérité ta colère et précipité nos âmes dans la damnation éternelle…

Il n'était plus. Pierre assassiné !

Comment le monde allait-il la juger ? Son accession au trône souillée du meurtre d'un empereur, d'un époux ! Comment pourrait-elle jamais laver son honneur de cette cruelle accusation ?

C'est qu'Alexis Orlov et ses complices avaient joué un rôle essentiel dans ce crime. Catherine, qui pourtant savait se dominer, n'était guère en ce jour en état de regarder en face qui que ce fût. « Ma gloire est l'embarras, la postérité ne pourra jamais me pardonner », ne cessait-elle de répéter. Cependant, elle se ressaisit vite.

Elle aurait pu, il est vrai, livrer sur-le-champ Alexis Orlov et ses comparses au bourreau pour prouver son innocence, mais cette femme possédait une qualité essentielle pour un chef d'État : elle comprenait à la perfection la situation réelle et la place qui était la sienne dans ce contexte.

Elle, et elle seule, était responsable. Personne, donc, ne fut puni.

Et en effet, Alexis Orlov joua un rôle de premier plan au cours des trente années qui suivirent. Mais aux yeux de l'Europe, Catherine apparut comme une femme adultère, régicide de surcroît. Toute sa vie, elle dut supporter les polémiques que souleva sa faute, comme une couronne d'épines, en expiation de l'arbitraire de son action ; mais jamais, si violentes qu'aient été les attaques, elle ne fit état, pour se justifier, de la lettre d'Alexis Orlov, acceptant sans se laisser ébranler sa part de responsabilité.

La dépouille de l'empereur assassiné fut transférée cette même journée au couvent Alexandre-Nevski. Dans un cercueil tout simple, revêtu de l'uniforme de son cher régiment Holstein, Pierre III reposait sur son dernier lit. Le peuple défila pendant deux jours dans la chapelle ardente, s'inclina, se signa, sans s'arrêter, et pourtant tout le monde, en passant, vit « que la face du mort était plus noire que chez un apoplectique et que le cou était entouré d'une large écharpe militaire ».

De son côté, l'impératrice se heurta d'emblée à d'innombrables difficultés. Elle avait des raisons de s'alarmer. L'épouse de l'empereur déchu et mère du tsarévitch appelé à régner était, dans le meilleur des cas, préparée à assumer la régence jusqu'à la majorité de son fils Paul.

En outre, Ivan VI, le «prisonnier numéro un», désigné comme héritier par Anna Ivanovna, puis renversé et emprisonné par Élisabeth, se languissait toujours à la forteresse de Schlusselburg.

Deux ans après l'avènement de Catherine, dans la nuit du 4 au 5 juillet 1764, le lieutenant Vassili Mirovitch, un officier en garnison à la forteresse, tenta de libérer le jeune prétendant au trône, mais les gardiens obéirent aux instructions de Pierre III, que l'impératrice avait confirmées : «Le tuer, ne le remettre vivant entre les mains de quiconque» si l'on essayait de le délivrer.

Les circonstances de ce complot ne furent, elles non plus, jamais complètement élucidées, et le lieutenant Mirovitch fut exécuté. Il affirma jusqu'au bout avoir agi seul.

La déclaration de Catherine II annonçant que le conjuré avait été déféré devant le tribunal commençait par ces mots :

> Ayant ceint la couronne selon le vœu de tous nos sujets, nous avions résolu d'alléger le sort du prince Ivan, fils d'Antoine de Brunswick et d'Anna de Mecklembourg, qui fut un court moment couronné, contre toute légitimité.

En réalité, jamais l'impératrice n'eut l'intention de modifier la situation du «prisonnier numéro un», bien que ce dernier fût un tsar légitime.

La sépulture d'Ivan VI, un lourd cercueil de bois de deux cents ans, a été exhumée en 2010 devant l'église de l'Assomption de Kholmogory, près d'Arkhangelsk. Les restes du jeune homme ont été identifiés par des archéologues russes sur la base de tests ADN. La dépouille portait notamment à hauteur de l'omoplate la trace d'un couteau à lame hexagonale (arme que possédaient les gardiens à Schlusselburg) et à la tête une lésion plus ancienne, due à une lame effilée (l'empereur avait été gravement blessé par un stylet à l'âge de six mois).

CATHERINE LA GRANDE

> Il faut toujours s'interroger, écrivait Catherine. Savoir pourquoi l'on aime ne nuit pas. Avant de céder à toute inclination, se poser trois questions : ce nouveau choix est-il heureux ou risqué ? Pourrait-on en faire état sans rougir ? Saura-t-il y répondre ? Se méfier des bavards, des emphatiques, des sanguins et des lunatiques.

Sémiramis pour les uns, Messaline pour les autres, tout en ce bas monde étant un tissu de contradictions, Catherine la Grande fut sans doute les deux à la fois. Si elle manqua parfois de discernement pour sélectionner ses collaborateurs, elle n'en fut pas moins une administratrice hors pair. Autodidacte, elle sut faire oublier qu'elle n'avait pas été méthodiquement éduquée. Intellectuelle reconnue dans le monde entier, elle eut le génie singulier de mettre en pratique les bonnes idées d'autrui.

Catherine était active, travailleuse acharnée, mais manquait de persévérance, délaissant un projet aussi vite qu'elle s'en était passionnée. Elle se présentait d'ailleurs elle-même comme un « parfait composé de bâtons rompus ».

Elle était dure, mais infiniment moins cruelle que la plupart de ses prédécesseurs sur le trône de Russie. Il lui arrivait par exemple, si elle se sentait de mauvaise humeur, de ne pas signer dans l'empressement des textes de loi importants. Elle les remettait alors au lendemain, afin de prendre sa décision de manière plus réfléchie.

Elle était radieuse, optimiste, affable. Cependant, elle ne réussit jamais à établir des relations normales avec son fils Paul, héritier du trône ; son sentiment maternel était étouffé par une certaine idée du devoir d'État. Elle lui préféra d'ailleurs toujours son petit-fils, le futur Alexandre Ier.

Comme souvent à la cour des tsars, ses courtisans étaient prêts à suivre les instructions les plus extravagantes. Un jour, Catherine ordonna au directeur général de la police : « Empaillez M. Sunderland. » Le haut dignitaire demeura ébahi : M. Sunderland était un honorable banquier britannique installé depuis longtemps à Saint-Pétersbourg, qui n'avait jamais causé le moindre problème. Mais la tsarine avait parlé, il lui fallait donc exécuter son ordre. Ce terrible malentendu fut éclairci quand les officiers de la Garde arrivèrent chez le banquier : M. Sunderland était aussi le nom que Catherine avait donné à l'un de ses chiens préférés, qui venait de mourir !

Comment, avec tous ces travers et ces incohérences, cette femme pleine de fantaisie devint-elle Catherine la Grande ? La clé de ses succès résidait peut-être dans un caractère solide qui la faisait puiser son énergie dans les difficultés, là où d'autres se seraient effondrés. Elle était capable de transformer n'importe quel handicap en avantage.

Sa passion dominante était sans conteste la Russie, acquise par une douloureuse expérience, un mariage malheureux. L'autocrate de Saint-Pétersbourg souhaita toujours être adoptée par cette terre. Après une saignée, pensive, elle avait confié à son médecin :

« Je voudrais qu'on m'enlève tout ce sang allemand et qu'on le remplace par du sang russe ! »

La passion
au service de la modernité

Un coup de foudre

En cette année 1774, alors qu'elle était âgée de quarante-cinq ans, Catherine aima pour la première fois, au sens le plus profond du terme. Ce qu'elle avait connu jusqu'alors avait été un jeu agréable, un ornement de sa vie si active. Elle s'était éprise d'hommes de belle prestance, mais d'une valeur ordinaire et dont, peu de temps après, elle s'était lassée. Avec Grigori Potemkine, elle allait partager, dans un bonheur de femme, véritable et ardent, le travail et les soucis, les responsabilités et les joies, les jours de santé et de maladie. Selon toute vraisemblance, elle appartint à cet homme comme une épouse légitime.

Depuis des années couraient sur Potemkine les bruits les plus étonnants. L'on prétendait que son amour pour la tsarine lui avait fait perdre la raison ; que lorsqu'il était revenu de Suède et que le favori en titre, Grigori Orlov, lui avait interdit l'accès de la cour des tsars, sa famille avait été sur le point de le faire enfermer dans une maison de fous. Aussi aurait-il un beau jour disparu. On l'aurait retrouvé dans un cloître dont il voulait adopter l'ordre et la règle. Il aurait dit à des amis intimes qu'il détestait le monde qui avait dressé une barrière infranchissable entre lui et la femme adorée.

Il avait écrit dans son journal intime, dans le style flamboyant propre à l'époque :

> Ô Dieu ! Quel tourment d'aimer celle à qui je n'ose le dire ! Celle qui ne peut jamais être à moi ! Ciel barbare, pourquoi la fis-tu si belle ? Ou pourquoi la fis-tu si grande ? Pourquoi vouloir que ce fût elle, elle seule que je puisse aimer ? Elle seule dont le nom sacré ne sortira jamais de ma bouche ni l'image de mon cœur.

Potemkine était un Slave de la plus belle eau, doté par la nature de grandes facultés, dénué de tout préjugé, doué dans presque tous les domaines, empli de sentiments profonds et passionnés.

Il était musicien, poète et amateur d'art ; il parlait plusieurs langues et montrait de grandes dispositions pour la diplomatie ainsi que pour la guerre, comme organisateur, constructeur de villes, aussi bien que comme économiste. Ce personnage d'exception abordait beaucoup de choses à la fois, et toutes ses entreprises promettaient de prendre des proportions importantes.

À dire vrai, Potemkine, c'était la Russie même, la Russie colossale et riche, capable du meilleur comme du pire, qui oscillait entre la fécondité rapide et l'exubérance de l'été, et le long et stérile repos de l'hiver.

Potemkine, dans les phases les plus productives de sa vie, pouvait s'effondrer brusquement, passer des jours et des semaines entières prostré sur un divan, se laissant alimenter, laver et habiller sans remuer un doigt, sans prononcer un mot. Puis tout à coup, à n'importe quelle heure, fût-ce au milieu de la nuit, sauter de son divan, fourmillant d'idées, convoquer tout l'état-major de ses secrétaires, prendre les décisions les plus importantes, mettre en mouvement tous les ressorts pour leur exécution immédiate, monter à cheval et galoper des jours et des nuits comme s'il était le seul à n'avoir pas besoin de dormir et, à l'endroit de l'action, mettre la main à la pâte comme le dernier ouvrier. Une créature qui débordait donc tous les calculs humains, capable d'être aussi bien un grand destructeur qu'un grand créateur.

On le surnommait « le Beau Borgne ». Les frères Orlov l'appelaient également « le Cyclope ». La légende voulait en effet qu'Alexis Orlov lui ait cherché querelle au cours d'une partie de billard et lui ait crevé un œil avec la queue qu'il tenait à la main – désormais, certes, son regard serait plus difficile à saisir ! Son visage était pâle, long, mince et « singulièrement sensible pour un tel homme, si vigoureux ». Son œil droit était vert, son œil gauche à moitié fermé. Sa bouche était charnue, lisse et presque rouge ; ses dents fortes et blanches, ce qui était assez rare à l'époque. Après cet accident, se croyant défiguré, il partit pour l'armée.

En 1774, Potemkine avait trente-cinq ans. Depuis douze ans, ses pensées et ses rêves ne tournaient qu'autour d'un seul être : la tsarine, l'étoile inaccessible. Naguère, Catherine II n'avait pas fait mystère de son inclination pour le lieutenant de la Garde. Quant à lui, il cherchait de toutes les façons à approcher sa belle, mais les conseillers qui entouraient Catherine tremblaient de voir cet homme dangereux devenir le favori de l'impératrice. Aussi l'avait-on envoyé guerroyer contre les Turcs, tandis qu'on avait mis sur le chemin de la tsarine un beau mais inoffensif favori passager, Vassiltchikov. Mais Catherine n'était pas une marionnette aux mains de sa Cour. Ce dernier l'amusa un moment, puis elle l'écarta, comme un jouet qui aurait perdu l'attrait de la nouveauté. Ou bien sentait-elle déjà l'effleurer le coup d'aile d'un grand bonheur qu'elle n'espérait plus ?

Catherine était renseignée sur tous les faits et gestes de Potemkine. Ainsi avait-on surpris le jeune général les yeux perdus dans ses rêves, comme un poète ivre d'amour, contemplant les fortifications turques au lieu de les prendre d'assaut. On l'avait alors renvoyé à Saint-Pétersbourg. La tsarine avait aussi appris qu'une nouvelle mission l'attendait et qu'il avait reçu l'ordre, sans pouvoir s'attarder, de gagner la frontière polonaise.

C'était le moment où la révolte du chef de guerre Pougatchev[1] avait ébranlé tout l'Empire et où Catherine, comme impératrice et comme femme, s'était sentie absolument isolée. Son fils Paul ne lui était d'aucune aide, ses collaborateurs se bornaient à attendre ses ordres.

Elle pensait souvent alors à ce Potemkine, cet homme singulier que chacun paraissait craindre et dont des amis lui avaient assuré en confidence qu'il la poursuivait « comme la lune fait avec le soleil, sans pouvoir jamais l'atteindre ».

1. Ce Cosaque du Don, après avoir levé une armée insurrectionnelle, conduisit en 1773-1774 une jacquerie qui menaça de renverser Catherine II.

LE RENDEZ-VOUS FATIDIQUE

Flattée et émue par tant d'assiduité, Catherine, sans état d'âme, fit le premier pas. Elle se résolut à écrire à Potemkine. Si M. le lieutenant général était l'homme extraordinaire qu'on lui avait dépeint, il comprendrait et viendrait à ses côtés. Il convenait néanmoins qu'elle restât prudente :

> Monsieur le Lieutenant général, vous êtes, j'imagine, tellement occupé du côté de la Silistrie que vous n'avez pas le temps de lire des lettres. Je ne sais jusqu'à présent si votre bombardement a eu du succès, mais je n'en suis pas moins convaincue que tout ce que vous entreprendrez vous-même ne saurait être attribué à un autre motif qu'à votre zèle ardent pour ma personne et la chère patrie que vous aimez à servir. Mais comme d'un autre côté je tiens à conserver des hommes zélés, courageux, intelligents et habiles, je vous prie de ne pas vous exposer inutilement au danger. En lisant cette lettre, vous vous demanderez peut-être : «Pourquoi a-t-elle été écrite ?» Je vous répondrai à cela : pour que vous ayez une confirmation de ma manière de penser à vous, car je vous souhaite toujours beaucoup de bien.

Et Potemkine comprit tout de suite. Un pont était jeté sur l'abîme. Il accourut à Saint-Pétersbourg à bride abattue, franchissant cette passerelle comme le maître qui prend enfin possession de sa propriété.

La position de Grigori Potemkine à l'égard de Catherine a été très discutée : les uns le représentent comme le maître tyrannique de l'impératrice, les autres comme son esclave dépouillé de toute volonté. Maints historiens parlent d'une courte ivresse amoureuse suivie du rapide renvoi du favori ; d'autres encore estiment pouvoir établir les hauts et les bas, les péripéties d'un long « roman d'amour ».

À dire vrai, la liaison de Catherine et de Potemkine présente des éléments de tous les caractères qu'on a voulu lui prêter. Ces deux tempéraments volcaniques, que la Providence poussa dans les bras l'un de l'autre, connurent en effet tous les orages inévitables dans un tel cas de figure.

Le journal de cérémonie du palais relate que Potemkine fut introduit auprès de la tsarine dans la soirée du 4 février 1774. Conduit directement dans ses appartements privés, il resta une heure avec elle en tête à tête...

Ce jour-là, Catherine avait pris soin, ainsi qu'elle se plaisait à le dire en français, de rendre à son ancien amant volage « la monnaie de sa pièce » en le chargeant d'introduire chez elle le lieutenant de la Garde. Si, comme il l'affirma plus tard, le comte Orlov ne soupçonna aucune perfidie dans les intentions de l'impératrice, il comprit vite le dessein de cette dernière en voyant son suppléant gravir vivement l'escalier de marbre blanc.

« Quoi de neuf au palais ? », s'enquit Potemkine.

Magnanime, Orlov répondit : « Rien. Je descends... vous montez. »

Ainsi Grigori Potemkine allait-il sortir des ténèbres de l'histoire pour devenir le deuxième personnage de l'Empire et l'un des plus grands hommes d'État du siècle.

Le 15 février, Catherine annula une rencontre au *banya*[1], le fameux bain de vapeur russe, avec celui qu'elle appelait déjà tendrement « Grichenka[2] ». Bientôt, cet endroit allait être leur lieu de rendez-vous favori. Au XVIIIe siècle, les hommes et les femmes ordinaires se côtoyaient traditionnellement dans les bains russes, à la grande indignation des étrangers. Mais l'impératrice, elle, y recevait ses amants...

1. Une telle intimité laisse supposer qu'ils étaient alors déjà amants.

2. Le diminutif de Grigori.

Le 18, relate encore le journal de cérémonie, Catherine et Potemkine avaient assisté à une comédie de l'Opéra, puis ils s'étaient rencontrés dans les appartements impériaux. Ils avaient parlé ou avaient fait l'amour jusqu'au petit matin.

À la fin du mois de février, Potemkine se sentit suffisamment en confiance pour rédiger une lettre dans laquelle il demanda à être nommé « général et personnel aide de camp de Sa Majesté ». Catherine montra dès le lendemain, par sa réponse, qu'elle avait apprécié cette audace :

> Lieutenant général… Je pense que votre demande est appropriée, en raison des services que vous avez rendus à moi-même et à la mère patrie. Je dois vous avouer que je suis heureuse que vous m'ayez envoyé sans détour cette demande.

Bientôt, la tsarine installa Grigori auprès d'elle au palais d'Hiver, cette magnifique résidence conçue par le génial architecte Rastrelli. Ceux qui ont visité le musée de l'Ermitage connaissent ce haut lieu de l'histoire. L'appartement de neuf pièces du nouveau favori, actuellement transformé en salles d'exposition, se trouvait alors exactement au-dessous de celui de l'impératrice. Les deux appartements ne donnaient pas sur la Neva, mais sur la place du Palais et dans une cour. L'escalier en spirale qui les reliait était orné de tapis verts[1].

À compter de ce moment, Catherine et Potemkine devinrent inséparables.

Désormais, Grigori rendait visite à sa bien-aimée sans préavis, faisant irruption, vêtu d'une simple robe de chambre turque, la poitrine et les jambes découvertes, les pieds nus. S'il faisait froid, il jetait sur ses épaules un manteau de fourrure, ce qui lui donnait l'apparence d'un géant. Étranger aux goûts vestimentaires de la cour des tsars, influencés par Versailles, il préférait s'habiller à l'orientale et aimait à porter sur sa tête un turban rose.

---

1. Le vert fut souvent la couleur des couloirs de l'amour : l'escalier reliant les appartements de Louis XV au boudoir de la marquise de Pompadour l'était également.

Le comportement de Potemkine au palais d'Hiver ne manqua pas, au début, de choquer les courtisans et les ambassadeurs. « Ses goûts sont véritablement de Moscovites [sous-entendu orientaux] », disait-on. Il appréciait en effet la gastronomie traditionnelle russe, en particulier les hors-d'œuvre, comme les *pirojki*, ces fameux petits pâtés farcis de légumes ou de viande, souvent de pommes de terre, de navets, de radis et d'ail, exactement comme il aurait pu en savourer dans son village natal.

Les deux amants passaient rarement la nuit ensemble (ce que Catherine s'autorisera avec certains favoris plus tard), parce que Potemkine aimait à dormir tard et que l'impératrice se réveillait très tôt.

Quand ils n'étaient pas ensemble ou même quand ils se trouvaient dans leurs propres appartements, à quelques mètres de distance, ils s'écrivaient plusieurs billets par jour[1]. Ces lettres d'amour, qui souvent abordaient dans le même temps les affaires de l'État, n'étaient généralement pas signées. Elles étaient écrites dans un singulier mélange de russe et de français, parfois presque au hasard ; en d'autres occasions, les questions de cœur étaient traitées exclusivement en français et celles de l'État, en russe. Certaines appartiennent à l'histoire, mais d'autres sont étonnamment modernes – elles auraient pu être écrites par un couple d'amants d'aujourd'hui !

1. Ces « petits mots », équivalent de nos appels téléphoniques, de nos SMS ou de nos courriels actuels, constituent une source inépuisable d'informations, que l'on a notamment consultée pour ce livre.

« JE SERAI POUR TOI UNE FEMME DE FEU… »

Vint l'été. L'impératrice installa son cher favori à Tsarskoïe Selo. Dix fois par jour, pour un oui ou pour un non, cet amoureux pressé de retrouver sa belle grimpait l'escalier de marbre sans même jeter un coup d'œil sur les plats et les vases en porcelaine du Japon et de Chine. Malgré cette proximité qui leur permettait de se voir lorsqu'ils le désiraient, Catherine envoyait encore à Potemkine de nombreux billets doux :

> Je serai pour toi une femme de feu, comme tu le dis. […] Les portes seront ouvertes… Chéri, je vais au lit… Je vais faire tout ce que tu demandes ! Est-ce que je viens à toi ou vas-tu venir à moi ?

Comme une collégienne, elle le guettait à sa fenêtre, l'admirait, l'adorait, l'idolâtrait.

Leur relation allait être un record de longévité d'amour et de partenariat politique. Entre le pouvoir et la femme, le nouvel aide de camp avait sans aucun doute, à ce moment-là, choisi la femme. Cependant, le coup de foudre qui les avait frappés tous deux allait bouleverser non seulement les luttes de clans à la cour des tsars, mais aussi le paysage politique de la Russie, changeant, à terme, ses alliances à l'étranger et toute l'histoire géopolitique de l'Europe.

Catherine se comportait avec Potemkine très différemment de ce qu'elle aurait fait avec n'importe quel autre homme : elle prenait conseil auprès de lui, lui envoyait pour avis les projets de loi, le priait d'assister aux délibérations, ne voulant pas, sans son accord, entreprendre telle ou telle démarche. Si Potemkine pouvait décider de ne pas se présenter quand tout le monde était convoqué, c'était toujours elle, il est vrai, qui menait le jeu. Il se dégageait néanmoins de l'attitude de la tsarine qu'il ne s'agissait aucunement de procédés courtois tels que ceux qu'elle employait ordinairement avec ses collaborateurs, mais du besoin qu'éprouve une femme qui aime de partager absolument tout avec l'époux.

Les lettres de Catherine éclairent cette relation unique d'une manière singulière : elle s'y montre tour à tour comme une amante passionnée, une « grande amoureuse », une « femme de feu » ainsi que l'appelait Potemkine, mais aussi comme une femme aux soucis maternels et d'une large compréhension, comme une compagne loyale toujours prête à pardonner et à oublier. Et Catherine avait beaucoup à pardonner…

Dans sa force indomptée, Potemkine s'emportait violemment au moindre trouble de son bonheur. Quand, fatiguée de son travail incessant, la tsarine le priait de lui accorder du repos, ou bien s'il s'était laissé raconter par les intrigants de la Cour que l'impératrice était sur le point d'élire un nouveau favori, Potemkine se déchaînait furieusement, abjurant tout son amour. Après une telle scène, Catherine écrivit :

> Dites-moi un peu, comment seriez-vous si je me fâchais, me levais, m'enfuyais en jetant les portes derrière moi, qu'après cela je vous battais froid, ne vous regardais et même que j'affectais d'être plus froide qu'en effet je me trouvais, qu'à cela j'ajoutais des menaces ?

Maintes fois aussi, Catherine s'effraya devant la subite froideur de Potemkine ; elle le pressait alors, avec les mots les plus tendres, de lui dire ce qu'elle avait pu faire pour provoquer son courroux.

Dans ces missives, il n'y a malgré tout que reconnaissance profonde pour un bonheur qui ne pouvait être donné que par des êtres en quelque sorte doués pour l'amour et qui possédaient assez de liberté intérieure pour apprécier et défendre avec orgueil ce don de leur nature.

Nombre d'anecdotes ont montré Catherine choisissant ostensiblement, avec une franchise cynique, un jeune homme qui lui avait plu, pour en faire son favori. Ces historiettes ont été répétées un nombre incalculable de fois, bien qu'on n'en ait trouvé nulle part la confirmation. Mais depuis qu'a été mise au jour la correspondance secrète de Catherine et de Potemkine, il est manifeste que l'impératrice veillait au contraire à ne rien trahir devant le monde de ses sentiments ni de la nature de leurs relations.

Si au cours des années leur intimité ne put cependant rester cachée, Catherine observa toujours les formes les plus sévères propres à la Cour et en exigea autant de Potemkine. Ainsi terminait-elle une de ses premières lettres par cet avertissement :

> Adieu mon ami, conduis-toi bien devant les gens pour que personne ne puisse se douter de ce qui se passe entre nous. Cela m'amuse beaucoup de rouler le monde !

Elle tenait en outre à ne pas choquer son fils Paul qui avait le plus souvent en aversion les amants de sa mère. Elle était donc très prudente et redoutait qu'on ne trouvât leurs échanges épistolaires :

> Je suis en bonne santé et j'ai bien dormi. [...] Je crains que vous ne perdiez mes lettres, que quelqu'un ne vous les vole de votre poche...

Dans leur correspondance des débuts, principalement les billets adressés par Catherine à Grigori et passés à la postérité, la tsarine affublait ses courtisans de surnoms parfois difficiles à interpréter, appelait son amant « esprit » ou utilisait encore un code secret, afin de lui demander de quelle manière il lui plairait de faire l'amour.

Catherine réussit si bien à dissimuler leurs relations que bientôt le bruit se répandit que Potemkine n'était qu'un favori de façade et que son amant véritable était toujours Vassiltchikov. Potemkine, obsessionnellement jaloux, crut un moment à cette fable et, dans sa fureur irraisonnée, écrivit à l'impératrice :

> Si jamais quelqu'un occupe ma place, celui-là ne me survivra pas.

Catherine lui répondit non moins rudement :

> Chéri, quelle honte d'avoir dit ce que tu as dit ! Je t'assure que tu n'as pas la moindre raison de crainte. Il n'y a pas au monde un seul homme qui puisse t'égaler. Je me suis bien brûlé les doigts avec cet imbécile de Vassiltchikov. [...] Tu peux lire dans mon âme et dans mon cœur. Je

> te les ouvre franchement et de toutes les façons. Si tu ne le sens pas et ne le vois pas, tu n'es vraiment pas digne de la grande passion que tu m'inspires. Je t'aime sans limites. Comprends-le bien ! Mais je te prie de me payer de la même monnaie.

Ou encore :

> Tu connais ma nature et mon cœur, tu sais mes qualités et mes défauts. Je te laisse choisir ton comportement. [...] Il est ridicule de te tourmenter toi-même. [...] Tu ruines ta santé pour rien.

Il est vrai que l'ancien favori habitait toujours le palais d'Hiver ! Il faisait encore partie du petit cercle des intimes de l'impératrice et soupait souvent en compagnie de son rival. Catherine, certes, l'avait surnommé « la soupe à la glace », mais la présence de ce dernier irritait au plus haut point Potemkine. Au bout de un an, l'ex-favori se résigna tout de même à quitter son appartement, qui devint la salle du Conseil.

L'impératrice avait ainsi, de son propre aveu, « jeté dehors un personnage terne » et l'avait remplacé par « l'un des plus spirituels et des plus excentriques esprits de ce siècle ». La jalousie de Potemkine ne cessa pas pour autant. Si Catherine était très heureuse de s'être trouvé un vrai partenaire, il était néanmoins difficile pour un homme de l'époque, même éduqué dans l'esprit des Lumières, de maintenir une relation d'égal à égal avec une femme. Et de surcroît avec une femme qui se révélait non seulement plus puissante que lui, mais aussi totalement libre sexuellement.

Catherine II était de toute évidence une maîtresse insatiable ; cependant, il ne s'agissait pas là de nymphomanie, comme on l'a bien trop souvent laissé entendre, mais de la reconnaissance d'un besoin émotionnel. Elle était simultanément prude et débauchée, fixant des règles à son dévergondage : pas plus d'un amant à la fois. Les familiers qui se permettaient devant elle des propos un tant soit peu grivois étaient aussitôt mis à l'amende.

Même si Potemkine en souffrait, il avait exigé de tout connaître de son passé amoureux. On prêtait alors à l'impératrice quinze amants. Catherine entreprit donc de se confesser au héros de son cœur :

> Comme tu seras heureux de le voir, il ne s'agit pas de quinze, mais seulement d'un tiers de ce chiffre. La première aventure [Saltykov] a eu lieu involontairement, et la quatrième [Vassiltchikov] par désespoir, ce qui ne peut certes pas être considéré comme l'indulgence des trois autres. Dieu est mon témoin, ils ne sont pas dus à la débauche, pour laquelle je n'ai pas d'inclination.
>
> Si, dans ma jeunesse, j'avais eu un mari aimable, je lui serais toujours restée fidèle…

Elle poursuivait, justifiant sa nature :

> Le problème, c'est seulement que mon cœur ne peut pas se contenter d'un combat sans amour. […] Peut-on aimer quelqu'un après t'avoir connu ? Je crois que nul homme au monde ne peut t'égaler, et surtout mon cœur est constant de nature. Je dirai même plus : en général, je n'aime pas le changement.

Elle écrivait encore :

> Tout ce dont j'ai rêvé toute ma vie m'est arrivé.

Puis continuait, expliquant en français :

> Il est impossible pour moi de changer en ce qui te concerne. Je t'aime au-delà de moi-même !

Elle terminait enfin :

> Maintenant, après cette confession, j'espère recevoir le pardon de mes péchés.

Leurs relations étaient véritablement tumultueuses, mais une authentique passion prospéra sur les sautes d'humeur de Potemkine, comme en attestent leurs nombreux billets doux. Aux innombrables petits noms qu'ils se donnaient[1] se mêlaient les compliments les plus

1. Catherine donnait à son amant des « mon âme chérie », « mon cœur », « cher esprit », « mon bijou »… Plus colorés étaient les « mon faisan doré », « mon pigeon », « bonbon de profession », « coq d'or », « très chère colombe », « mon petit perroquet », « petit chien », « petit chat », « tonton », et beaucoup d'autres qui alliaient la force à la sensibilité. Elle utilisait aussi les épithètes de la tradition russe et l'appelait « *batiouchka* » ou « *batinka* » (ce qui signifie « papa »), ou recourait encore aux multiples diminutifs tendres de Grigori : « Gricha », « Grichenka », « Grichenok », voire « Grichefichenka ».

propres à se flatter l'un l'autre. Parfois, elle jouait ironiquement avec lui en l'appelant « monsieur », « cher lieutenant général » ou « Votre Excellence ». Lorsqu'elle lui attribuait un nouveau titre, elle souhaitait s'adresser à lui en conséquence. Potemkine, quant à lui, demeurait plus réservé. Cela n'était pas dû à un manque de familiarité, mais tenait à son esprit révérencieux. Il s'appuyait délibérément sur la tradition russe et se faisait un devoir d'aborder la tsarine en souveraine plutôt que de la gratifier d'un « Katinka » (petite Catherine), comme le firent plus tard les autres favoris. Potemkine utilisait ainsi presque toujours le terme « *matouchka* », « petite mère » en français, ou encore « souveraine ».

Leur intimité confiante se révèle aussi par la franchise avec laquelle Catherine, dans ses lettres, évoquait à son amant l'héritier du trône. Devant le monde, l'impératrice s'efforçait toujours de feindre d'excellentes relations avec son fils, mais avec Potemkine, elle qualifiait Paul de « fou », de « tête troublée », de « tête à l'envers » et autres semblables épithètes.

Mais Catherine devait faire face à bien d'autres soucis de taille : la reconstruction du pays dévasté, dont la révolte du chef cosaque Pougatchev avait fait un désert, les répartitions de grains à la population qui mourait de faim, la construction de villes et de villages, le percement de routes et de canaux dans le Sud et l'ouverture de nouvelles voies commerciales. Et à côté de ces travaux titanesques, il lui fallait œuvrer au mieux pour guérir les blessures que la guerre contre la Turquie avait causées, pour supprimer ou du moins réduire les effroyables désordres que la guerre civile et le conflit à l'étranger avaient fait naître.

Le long règne de Catherine allait également être marqué par plusieurs guerres – d'abord contre la Prusse et la Turquie, sans concrétisation diplomatique et au prix de la propagation de la peste, qui causa de grandes dévastations dans le pays, puis de nouveau contre la Turquie, ce qui permit cette fois à la Russie d'obtenir en 1791 un accès à la mer Noire (Potemkine joua un rôle crucial dans cette campagne). L'impératrice conduisit en outre les trois partages de la Pologne.

Sur le plan intérieur, elle eut quelques velléités de réforme et se montra un peu moins dure que ses prédécesseurs envers les vieux-croyants et les paysans. Mais rendue aveugle aux difficiles conditions de vie du peuple par les flatteries et les mensonges de ses courtisans, elle élargit les droits des nobles et redevint inflexible à l'encontre des paysans après la révolte de Pougatchev.

Dans ce contexte, plus encore qu'un amant sans égal, Catherine avait décelé en Potemkine l'homme d'État, au sens le plus noble du terme, et avait vu en lui un soutien indéfectible pour conduire la Russie vers de grands desseins.

LES JEUX DU DIABLE

Potemkine était comblé. Il partageait désormais tout avec l'impératrice, son cœur, sa couche, son royaume : une complicité parfaite – presque trop parfaite, car la fissure était déjà là. Et Catherine ne le devinait qu'à moitié, attribuant le spleen de son amant au fait qu'il prenait des bains froids.

Prête à tout donner à celui qui avait conquis son cœur, elle l'avait nommé tour à tour général, puis feld-maréchal et lui avait octroyé le titre de comte. Il avait en outre reçu de nombreuses récompenses et avait été appelé à des postes éminents, notamment celui de président du conseil militaire. Durant dix-sept ans, il avait été le personnage le plus puissant de Russie. Les plus importants documents d'État étaient passés entre ses mains. De multiples faits attestaient de sa gigantesque et extraordinaire influence tout au long de ces années.

Qu'avait exactement recherché Potemkine ? S'il avait tout d'abord été attiré par la femme inaccessible, Catherine avait répondu à cet appel en se montrant rapidement familière et gracieuse, vive et spirituelle, triviale et sensuelle – non telle qu'une souveraine aurait dû l'être. Désormais, il devait partager avec elle le fardeau – plus lourd que l'amour – de l'héritage historique de l'empire des tsars de toutes les Russies.

Mais l'amour et l'absolu avaient-ils leur place dans la saga des Romanov, placée sous le signe immuable des rapports de force et des calculs ?

Qu'était alors devenu le « vigoureux amant, généreux et sans égal » de Catherine, son « maître jamais fatigué » ?

« Mon âme, mon cher époux, veux-tu me donner des caresses ? », ne cessait-elle de lui écrire.

Mais Potemkine se faisait de plus en plus distant.

« ÊTRE HEUREUSE, ENVERS ET CONTRE TOUT »

De jour en jour, le caractère de Potemkine s'assombrissait. Catherine, elle, n'avait de cesse de répéter à son amant quelle voulait « être heureuse, envers et contre tout ». Elle écrivait :

> L'amour est l'instrument dont disposent les femmes pour forcer le destin et en adoucir les coups. Le moyen d'obtenir ce qu'elles désirent et de désirer ce qu'elles ne pourraient obtenir autrement. Il s'agit toutefois de veiller à maîtriser cet instinct féminin de domination, qu'un véritable amant ne pardonnera pas. Car ce qui plaît à un homme est ce par quoi il ne pense pas pouvoir être vaincu.

Cet hiver-là, le couple partit pour Moscou où il s'installa dans un charmant palais situé à une dizaine de kilomètres du Kremlin[1]. Catherine, comme si elle avait été une vraie Russe, emmena Potemkine se promener le long des murailles de brique rouge des monastères. Elle savait qu'il était dévot et passionnément intéressé par l'histoire de l'Église. Main dans la main, ils avançaient dans la neige fraîchement tombée ; les carillons des hauts clochers rythmaient leurs pas de leurs sons tristes.

En apparence, leurs rendez-vous semblaient toujours aussi délicieux. Pour satisfaire les goûts orientaux de Potemkine, Catherine l'accueillait sur les sofas dorés du palais, vêtue d'un seul caftan court bordé de zibeline, dans le style des khans tatares. Il aimait rester à son côté, dans la pénombre, et contempler ses yeux « d'un

1. À Kolomenskoïe.

bleu vif, rieurs et froidement arrogants», ses cils noirs, sa bouche sensuelle. Il redevenait alors l'amant vigoureux dont elle désirait tant les caresses.

De plus en plus souvent cependant, il mettait fin à cette griserie, lui proposant de faire des promenades. Ils partaient alors flâner, à l'abri des remparts du Kremlin.

Leur monument préféré était la cathédrale de l'Archange-Saint-Michel. Ils aimaient à s'y retrouver en communion, dans cette ambiance profondément russe. Le faible scintillement des bougies, si visible dans la froide obscurité, jetait une lumière mystérieuse sur le vieil or des icônes et des dalles funéraires des tsars.

De retour à Saint-Pétersbourg, Potemkine redevint changeant et capricieux. Lui habituellement si volubile demeurait silencieux. Désormais, seule la souveraine l'attirait; il fuyait résolument la femme qui s'abandonnait à lui.

Mais l'homme est-il maître de ses rapports amoureux? Peut-il résister au coup de foudre, comme au désamour, qui le guette à la croisée des chemins?

> Pour toi, écrivait Catherine, la tranquillité est un état d'âme absolument insupportable.

Au prince de Ligne qui lui parlait de le faire hospodar (maître) de Moldavie, il répondit tristement :

«Je m'en moque bien; je serais roi de Pologne si je le voulais; j'ai refusé d'être grand-duc de Courlande... Je suis bien plus que tout cela...»

Possédait-il un orgueil sans bornes ou le mal de vivre était-il son grand malheur?

Au cours d'un dîner en tête à tête avec son neveu, alors que, d'humeur gaie, il plaisantait, il s'assombrit soudain et déclara :

«Peut-il y avoir un homme plus heureux que moi? Tous mes souhaits, tous mes désirs ont été exaucés comme par une sorte d'enchantement. En un mot, je suis comblé. J'ai voulu avoir des titres, j'en ai; j'ai voulu avoir des décorations, j'en ai; j'ai voulu jouer et j'ai perdu des sommes ahurissantes; j'ai voulu de belles

Ivan le Terrible par Vasnetsov.

Pierre le Grand, le matin de l'exécution de Streltsy, par Sourikov.
D.R.

Catherine II.

Alexandre II.

Nicolas II et son épouse dans les costumes du XVIIe siècle.

demeures et j'ai eu des palais ; j'aimais les beaux objets et j'ai eu les collections les plus rares. »

Ce disant, il s'empara brusquement d'une assiette et la brisa, avant de s'enfermer dans sa chambre.

Souvent, pourtant, Potemkine appelait Catherine à son secours. « Mon mari chéri m'a demandée : où puis-je aller, que dois-je faire ? », lui répondait-elle alors en mentionnant leur lien sacré, afin d'apaiser sa dépression. « Mon cher époux bien-aimé, venez me voir tout de suite et je vous accueillerai comme toujours les bras ouverts... » Ou encore : « Sache que tu es à jamais dans mes pensées. »

Mais le beau général n'était plus aussi amoureux qu'avant ; il allait et venait, il semblait tout faire pour provoquer une rupture sans jamais révéler son intention.

En cette année 1776, l'attaché de l'ambassade française, Marie-Daniel de Corberon, comme du reste tous les diplomates étrangers, rapporta à son gouvernement qu'« une tempête était en train d'éclater » dans les corridors dorés des palais impériaux russes.

En effet, si Catherine avouait : « Mon grand amour pour toi m'effraie. Tant pis, je trouverai le moyen d'y résister », elle formulait déjà une menace lourde de conséquences – « Je tâcherai de cacher mes flammes. »

Quelques mois encore, elle tenta de garder exclusivement pour elle son amant, évitant que les forces obscures de la raison d'État ne se mêlent à leur histoire : « Ne mélangeons pas les affaires d'État et les affaires de cœur », écrivit-elle.

Mais alors que, de 1774 à 1775, il n'avait pas quitté la tsarine un seul jour, Potemkine disparut de la Cour, prétextant subitement ne plus être intéressé par la « gloire sur cette terre »[1]. Il chercha à apaiser cette rupture intérieure par une immersion dans la mystique orthodoxe et se retira un temps dans le monastère Alexandre-Nevski, fondé par Pierre le Grand à la périphérie de

1. Il s'éloigna à deux reprises, du 21 mai au 2 juin, puis du 20 juin au 24 juillet 1776.

Saint-Pétersbourg. Là, il vécut comme un simple moine, se laissa pousser la barbe, pratiqua le jeûne, la lecture, la prière et le chant avec ostentation.

Tout, à vrai dire, était un combat des extrêmes avec Potemkine. Politicien-né, il était aussi manipulateur que Catherine elle-même. En le faisant apparaître, disons, «en grève» aux yeux du monde, sa retraite mélodramatique avait également jeté le discrédit sur Catherine. L'impératrice chargea donc sa première dame de compagnie, la comtesse de Bruce, d'un message confidentiel pour son favori. Nul doute que les moines durent être ébahis de voir se répandre dans leurs jardins, dans un bruissement de jupes et une magnificence toute profane, dames d'honneur et courtisans du palais !

La comtesse fut introduite dans une cellule ordinaire où elle trouva Potemkine, vêtu d'un habit de moine, prosterné devant une icône de sainte Catherine. Ayant entendu la requête qui lui était destinée, il se remit à prier. Pourquoi l'impératrice n'avait-elle pas daigné venir en personne ?

Finalement, Potemkine se décida à sortir de son mutisme. Il se rasa, quitta la bure pour l'uniforme et réapparut à la Cour où il apprit qu'à la demande de Catherine l'empereur Joseph II l'avait élevé au rang de prince sérénissime du Saint Empire romain germanique.

Pourtant, cela devait être la période la plus rude de cette passion déclinante.

L'IMPÉRATRICE FACE À UNE JEUNE RIVALE

Depuis que la tsarine avait offert un palais au prince Potemkine, celui-ci désertait dès qu'il en avait l'occasion ses appartements de l'Ermitage.

Situé au croisement de la perspective Nevski et du canal de la Fontanka, le palais Anitchkov, d'un pur style baroque flamboyant[1], tenait son nom du pont qui traversait à cet endroit le canal.

Alors que Catherine avait pour un soir accompagné Potemkine dans sa demeure, une toute jeune fille fine et élancée, encore coiffée d'un grand chapeau de velours vert et vêtue d'un manteau de fourrure de Sibérie, les accueillit dans le vestibule. Elle s'inclina devant l'impératrice, puis, jouant avec le ruban de son chapeau, fixa sur Potemkine un regard d'une éblouissante splendeur et se précipita pour l'embrasser.

Catherine, prenant par le bras son favori, s'adressa à lui avec une feinte indifférence :

« Je ne vais pas rester. Nous avons fait trop de choses aujourd'hui, mon ami. »

Sans s'opposer au désir de la tsarine, Potemkine la raccompagna à sa voiture. Elle se glissa dans son carrosse et émit un léger soupir.

« Qui est cette jeune personne qui t'a accueilli si chaleureusement ?

1. Le palais Anitchkov fut sans doute conçu par les architectes Bartolomeo Rastrelli et Mikhaïl Zemtsov.

– Ce petit papillon est ma nièce», précisa sobrement le prince en fermant la portière.

Le palais luisait dans l'obscurité bleue de la nuit hivernale. Jetant un regard furtif sur les cathédrales de la perspective Nevski déserte, Catherine fit arrêter son carrosse devant les portes ouvertes d'une petite église illuminée, d'où montaient, tristes et poignantes, les voix mêlées d'un chœur de jeunes filles.

Mue par une sorte de sentiment de désespoir, elle éprouva soudain l'irrésistible envie d'y pénétrer. Mais troublée par l'image du regard brûlant de la nièce de Potemkine, elle ne parvint pas à prier. Elle cacha son visage dans son manteau, puis ressortit de l'église en se signant trois fois.

Dans sa tête caracolaient les souvenirs de sa passion avec Potemkine, la chaleur obscure de leurs premiers baisers.

Le silence n'était troublé que par le léger martèlement de l'horloge de l'Ermitage. Elle revoyait son amant qui, avec les gestes d'un homme sûr de sa vigueur, avait ôté pour la première fois sa pelisse couverte de neige. Quand il l'avait déshabillée, il ne l'avait pas prise tout de suite, mais l'avait d'abord chaussée de ses pantoufles de cygne. Il lui avait aussi apporté le peigne d'écaille avec lequel elle aimait à maintenir sa longue chevelure avant de dormir.

Elle se rappelait également leurs promenades, sublimes instants de bonheur où la brûlure radieuse du soleil contrastait avec le froid venu des confins de cette Russie qu'elle s'était mise à aimer.

Cette nuit-là, une tempête se déchaîna sur le pays, comme si tous les démons de la Russie s'étaient réveillés.

Potemkine fit visiter son palais à sa jeune nièce, qui devait y séjourner quelque temps en compagnie de son frère.

Il lui expliqua la provenance des tableaux et des icônes qu'il collectionnait. Depuis son enfance, Potemkine était un fervent croyant. Mais devant les icônes ornées de leur revêtement d'or, tous deux préférèrent tourner leurs yeux vers les fenêtres où, derrière les vitres, dansaient des rameaux blancs secoués par le vent.

«Il est temps que vous alliez vous reposer, mon oncle», dit la jeune fille en portant sa main devant sa bouche pour étouffer un bâillement. Ayant entendu un léger bruit, elle se précipita dans le salon voisin, d'où s'échappait une odeur de cierge éteint. Elle grimpa sur un tabouret et ralluma la chandelle qui était tombée, puis s'enfuit précipitamment dans sa chambre.

Potemkine était resté silencieux. Aujourd'hui, Catherine était fatiguée, se disait-il, se souvenant de son visage aux pores dilatés cachés sous une épaisse couche de poudre.

Il gagna à son tour sa chambre et s'allongea sur son lit. Mais il ne parvenait pas à dormir. Songeant au corps si jeune de sa nièce, à cette petite poitrine ferme, il perdait la tête. Soudain, une force irrésistible le poussa presque malgré lui dans la chambre de la jeune fille.

Il entra sans frapper et, médusé, la contempla sans bouger. Elle était encore plus belle que ce qu'il s'était figuré…

Le lendemain, Potemkine, mal à son aise, prit seul son petit déjeuner. Il regarda la Neva à travers la fenêtre. Après la tempête qui avait soufflé toute la nuit, la matinée était paisible et ensoleillée.

L'ART DE GARDER SES CONQUÊTES

Pardonner. Accepter les défauts de l'être aimé et connaître les limites de cette acceptation. Ne pas se montrer tyrannique. Il y a une puissance infinie dans la douceur d'une femme. Ne jamais se gausser d'une rivalité ni la provoquer. Si la rupture est inévitable, savoir partir sans s'attarder aux adieux. La colère fond sous l'effet du temps comme la glace aux rayons du soleil. Laisser au trompeur le temps de concevoir l'indignité de son acte, s'abstenir de le relever. Le temps donne souvent à l'amour les ailes d'Icare. Elles se brûlent au soleil d'une passion trop exclusive. Le temps peut aussi être un allié. Se distraire de toute jalousie et se consoler des bassesses du monde en s'occupant de choses qui le méritent vraiment. Et si l'on ne peut décidément pardonner, tromper qui vous trompe, mais sans jamais se tromper soi-même.

En maniant ces mots, Catherine II songeait-elle à infliger une vengeance ou à lancer un ultimatum à Potemkine ?

Il arrive parfois, après quelques péripéties, que les aventures renforcent le lien conjugal, l'inconstance permettant de comprendre que les choses ne sont pas mieux ailleurs. Mais l'infidélité peut aussi conduire à la catastrophe. En raison de son intensité même, la passion physique qui avait asservi Catherine et Potemkine ne pouvait durer de la même façon. Cependant, croire que la tsarine allait répudier son époux secret était mal la connaître.

L'impératrice était prête à perdre un amant sans pareil, mais jamais, assurément, son complice, son ami préféré, son époux vénéré avec qui elle gouvernait la Russie et qui lui avait écrit :

> Mon âme sans prix, tu sais bien que je suis tout à toi et que tu es la seule. Je te suis fidèle jusqu'à la mort. C'est pour cette raison que je

défends tes intérêts, mais aussi parce qu'il me plaît de le faire. La chose qui m'est la plus agréable est de te servir et de t'être utile. Ayant fait tout pour moi, tu n'auras jamais à le regretter.

En politique comme en amour, il ne faut pas moins de talent pour garder ses conquêtes que pour les obtenir. Certes, Catherine était une «femme de feu» qui affirmait volontiers ne pas pouvoir passer plus d'une heure sans les caresses de Potemkine, mais ne lui avait-elle pas déjà annoncé dans une lettre, au mois de décembre 1775 : «Je suis tellement comblée par tes caresses et, bien sûr, c'est mon réconfort, mais tout passera, même ma sensualité sans fond, et que restera-t-il ?... Seul l'amour pur ! » ?

Avant de lui rendre – usons une fois encore de sa formule favorite, notée en français – «la monnaie de sa pièce», Catherine employa toute son intuition et toute son intelligence à ce que la situation ne devienne pas irréversible.

En femme de tête, elle maîtrisa son instinct de domination, à la fois féminin et impérial. La tsarine consentit même à attribuer le rang de dame d'honneur à la nièce de Potemkine. Elle savait pertinemment qu'affronter son amant sous l'emprise de la colère risquait de les pousser l'un comme l'autre à commettre l'irréparable. Aussi préféra-t-elle à cela une explication, non pour rompre définitivement, mais pour renouer le dialogue. Ne pas mentir ne signifiait pas tout dire ; elle ne voulait pas évoquer leurs dernières querelles ni surtout leur éventuelle infidélité, mais comprendre comment ils avaient pu en arriver là après avoir vécu toutes ces années de passion. Elle décida donc de «mettre en scène ses sentiments».

Par deux fois le prince se fit prier avant de se rendre au palais d'Hiver sur l'invitation de Catherine. Finalement, son traîneau glissa sur la neige qui recouvrait les pelouses impériales.

En quelques mois d'absence, il avait perdu l'habitude des salles illuminées de la cour des tsars. Son œil unique avait peine à s'accommoder des irradiations diffuses des miroirs, des ors et des pierreries derrière les reflets des centaines de chandelles.

Son arrivée provoqua un murmure. L'élégant costume militaire seyait à sa haute taille svelte. Sur ses puissantes jambes tombait une veste bordée de renard bleu de Sibérie. Ses traits, comme le dira plus tard Catherine, « semblaient modelés pour l'or ou le bronze d'une médaille ».

La tsarine, éblouie, ne laissa rien paraître de son trouble et invita un jeune prince circassien à la taille de guêpe et à la poitrine évasée à prendre place auprès d'elle pour le souper.

Mais après le dîner, faisant une entorse au protocole, Catherine demanda que l'on préparât son traîneau à cinq places et invita Potemkine à la suivre. Le long de la Neva, elle exposa à son compagnon les transformations de son destin.

Si elle avait renoncé à sa possession exclusive, Catherine ne pouvait se passer ni de lui ni de leur complicité ; aussi était-il temps de déposer les armes et de construire de nouvelles relations.

Dès lors, l'impératrice allait s'autoriser à vivre pour elle-même. Et quelque temps plus tard, Potemkine reçut ce billet :

> Aujourd'hui, si la fièvre ne te retient pas chez toi et que tu reviens me voir, tu remarqueras des changements dans mes appartements…

LA JEUNESSE A TOUS LES DROITS

Catherine répétait souvent qu'il fallait « faire face ». Elle affirmait alors :

> L'amour, comme la guerre, est affaire de courage. Ce ne sont pas les pusillanimes qui font les bons soldats. À cet égard, veiller à ne pas traiter semblablement le novice et le vétéran. Demander à chacun ce qu'il peut donner. Préférer les éternels inquiets. Ce sont les seuls capables des élans du cœur. Quitte à prendre un amant jeune, à tout le moins le former. Mieux, être pour lui la révélation, l'incarnation même de la féminité. Faire le premier pas sans hésiter, surtout si l'on se trouve dans une position plus élevée que la sienne. Accepter d'un jeune amant qu'il regarde en vous une mère, mais le rejeter sans tarder s'il commençait à vous envisager en sœur. Un feu brûle haut et clair s'il est entretenu d'une main avisée…

Quelques courtisans, apercevant Zavadovski, le nouveau jeune favori en titre, se pressèrent dans les couloirs du palais.

Il était de coutume que les hommes et les femmes appelés à servir la Couronne soient examinés par le médecin de corps de la tsarine. Un petit bonhomme au visage sévère, engoncé dans un habit de velours gris, ordonnait au candidat de se dévêtir. Palpant là, vérifiant ici, aucun des aspects de sa physionomie ne lui échappait. Le médecin lui demandait ensuite s'il avait jamais contracté quelque maladie au nom barbare. L'usage voulait aussi que l'ardeur de tout aspirant de sexe masculin soit également éprouvée.

Parfois, le médecin invitait le postulant à se rendre dans un boudoir sans fenêtre, plongé dans une semi-pénombre. Une jeune femme – qui n'était autre que Mme de Bruce, la confidente de l'impératrice – accueillait l'heureux élu sans lui laisser le temps de s'interroger sur ses desseins.

L'historien Waliszewski décrivit ainsi l'atmosphère traditionnelle de l'époque :

> À une réception du soir, on a remarqué que Catherine a regardé fixement quelque obscur lieutenant présenté la veille ou perdu jusqu'alors dans la foule des courtisans ; le lendemain, on apprend qu'il est nommé son aide de camp. On sait ce que cela signifie. Dans la journée, le jeune homme, appelé à la Cour par un bref message, s'est retrouvé en présence du médecin de corps de Sa Majesté, l'Anglais Rogerson. Il a été confié ensuite aux soins de la comtesse de Bruce ; on l'a conduit dans l'appartement spécial [...] prêt à accueillir le nouveau venu. Tout le confort et tout le luxe imaginables, une maison supérieurement montée et un service de choix l'y attendent.

Catherine dédia ses *Mémoires* à cette fameuse comtesse de Bruce, dont les « fonctions délicates » consistaient tout simplement à tester, telle l'« éprouveuse » du *Don Juan* de Byron, les capacités du nouveau favori. Il était bien évident que l'élu devait se montrer fort convaincant, afin que la dame ne fût pas déçue et qu'elle relatât à son impératrice les prouesses du vainqueur ! Il arrivait également à la comtesse de tomber sous le charme des futurs favoris, ce qui entraînait immanquablement une rivalité et provoquait de violentes disputes entre les deux femmes[1].

Au grand soulagement des courtisans, et contre tout usage, le jeune comte Zavadovski n'eut pas à subir cette visite très spéciale et prit directement le chemin de la sortie. Ils ne savaient pas encore, pas plus d'ailleurs que le nouveau favori, que c'était le plus grand signe d'affection et de confiance que Catherine pût lui donner.

Le comte eut dès lors une vie exceptionnelle. Il connut l'amour d'une femme extraordinaire, mais aussi les honneurs et la gloire. Il goûta les plus grands bonheurs et devint un grand homme d'État, notamment comme ministre de l'Instruction publique de l'Empire,

1. Leurs relations s'étant à ce point envenimées, Mme Protassov finit par succéder à la comtesse de Bruce.

décidant du destin de millions d'hommes et recevant de hautes distinctions. Il éprouva les plus grands sentiments, connut les plus doux comme les plus futiles, apprécia la gloire et les vanités à leur juste valeur et n'eut de cesse de travailler d'arrache-pied à rester digne des honneurs que lui avait accordés Catherine – la seule femme qui lui ait jamais fait découvrir la grâce et la puissance de l'amour.

En ce mois d'octobre 1776, quelques semaines après le retour de la Cour à Saint-Pétersbourg, Zavadovski reçut le statut officiel d'adjudant en chef auprès de l'impératrice.

Le diplomate français Antoine Leroy-Beaulieu déclara à ce propos :

« La tsarine demeurait européenne jusque dans ses vices. »

Cet esprit caractérisait l'approche de Catherine envers ses favoris, qui, avec l'omniprésence de Potemkine, allait inévitablement prendre une tournure insolite. En consacrant cette figure sentimentale, l'impératrice désirait conjuguer la passion et l'équilibre, étrange dialectique où devaient coexister romantisme et sagesse, durée et coups de foudre.

Potemkine avait approuvé les choix de Catherine et l'avait même souvent encouragée en ce sens. Avec ce compromis, le couple impérial établit une sorte de contrat laissant à chacun sa liberté sensuelle, tout en demeurant uni à l'autre par la complicité et le partage du pouvoir sur l'Empire. Mais cette singulière affinité allait encore au-delà, car elle impliquait aussi le partage des désirs, des envies et des fantasmes.

Jusqu'à sa mort, Potemkine allait ainsi donner son aval aux amants de Catherine, excepté pour le dernier, Platon Zoubov.

Persuadés que, pour réussir dans les affaires de l'État comme en amour, il fallait savoir partager, l'impératrice et le prince récompensaient largement le troisième larron. Tous les favoris étaient donc intégrés dans le cercle du pouvoir et aidaient Catherine à renforcer la stabilité de son trône qui, au début, avait été incertaine. En privé comme en politique, elle sut tirer profit des hommes expérimentés comme des jeunes garçons emplis d'énergie et d'ambition. Elle s'en ouvrit d'ailleurs plus tard à Grimm, dans une de ses lettres :

> Pour moi, aucun pays ne manque d'hommes, le problème n'est pas de savoir les trouver, mais d'utiliser ceux qu'on a sous la main…

En amour, il y a toujours un angle majeur, une sorte de point d'attache, une base. Paradoxalement, le pilier de ce surprenant partenariat ne fut pas Catherine ; le véritable stratège en était au fond Potemkine. Et le gigantesque pouvoir que cela lui conféra suscita bientôt la jalousie et la haine. Dans les affaires de l'État, c'était en effet bien souvent lui qui décidait. On l'a représenté ambitieux. Rien pourtant ne le satisfaisait totalement, ni l'argent, ni la puissance, ni même l'amour.

Était-il un éternel inquiet, un romantique avant l'heure ?

En tout cas, cet homme d'État avisé fut incontestablement l'instigateur de l'empire des tsars, devenu pendant le règne de Catherine II l'une des puissances politiques les plus influentes d'Europe. De fait, sous le commandement de Potemkine, la Russie élargit considérablement ses frontières. Le prince avait obtenu de la tsarine les pleins pouvoirs pour transformer les steppes parfumées du Sud et entreprendre des travaux sans précédent dans ces régions alors désertiques. Bâtisseur de villes et de ports, fin diplomate, il conclut au nom de l'impératrice toute une série d'accords garantissant ses nouvelles conquêtes. Gouverneur général d'Astrakhan, il repoussa les limites du possible et construisit en pleine steppe une cité gigantesque, à la gloire de sa bien-aimée.

Pourtant, l'Histoire a surtout retenu de Potemkine ces fameux villages en trompe l'œil créés aux fins d'éblouir Catherine, où d'éphémères habitants avaient été amenés pour acclamer la souveraine. Les mémorialistes ont beaucoup insisté sur cet épisode, présentant l'instigateur de cette folie comme un courtisan habile et sans scrupule. Expert en la matière, Vladimir Volkoff a prouvé néanmoins qu'il s'agissait là d'une tromperie délibérée, d'un mythe fabriqué de toutes pièces par Georg von Helbig, un diplomate saxon qui cherchait à discréditer la politique du favori et avait publié cette légende en 1797, dans un livre-pamphlet. Si Potemkine n'avait jamais caché le fait que ces villages étaient apprêtés pour la visite de l'impératrice, il n'en avait cependant « monté » aucun. Les résultats de ses actions, ainsi que sa fidélité à Catherine en témoignent. Potemkine était plus intelligent que rusé, et plus scrupuleux qu'on a bien voulu le prétendre.

En attendant, en 1776, les diplomates anglais annonçaient dans leurs dépêches :

> L'impératrice commence à voir sous un autre angle les libertés que s'octroie son favori Potemkine.

Mais si les ennemis du prince s'étaient empressés de penser que l'arrivée du nouveau favori allait changer le cours de l'histoire en brouillant les relations du couple impérial, c'était par méconnaissance de la grande estime qui liait ces deux êtres d'exception.

Le rodage de leurs nouveaux rapports s'était passé sans accroc. Un quart de leur correspondance avait été consacré aux explications et aux reproches, exprimant leur force de caractère, mais aussi un profond attachement mutuel.

> Il est impossible de contraindre quelqu'un à l'amour, il est bien laid de le forcer aux caresses et c'est le grand défaut des âmes lâches que de feindre l'amour, disait Catherine.

Certes, Potemkine fut le seul « favori honoraire ». Mais c'était un coureur, même à l'époque de sa plus grande intimité avec la souveraine. Il courtisa successivement – peut-être même simultanément – ses cinq nièces. Catherine aurait pu obliger son époux à rompre tout commerce avec sa nièce Engelhardt, mais elle était trop fière et trop fine pour cela. De plus, la jeune fille n'était pas le seul réconfort du prince[1].

La tsarine, comptant bien affiner ces étranges rapports, choisit donc pour allié le temps.

---

1. Séraphine, l'épouse de Cagliostro, compta également au nombre des maîtresses de Potemkine.

Le jeune Zavadovski avait été, bien entendu, l'aide de camp de Potemkine. Simple courtisan pour commencer, ce charmeur, au dire des témoins, devint au fil des jours un véritable amuseur dans l'étroit cercle de l'impératrice. Et son élégance et son éducation eurent tôt fait, comme nous l'avons vu, de la séduire.

On a souvent présenté Catherine comme la Messaline du Nord. Cependant, pas plus les historiens contemporains que les analystes actuels ne sont parvenus à s'entendre sur le nombre de ses amants. Les plus sérieux ont avancé un chiffre avoisinant la douzaine. Nous ne pouvons certes nier les élans de son tempérament, mais la démarche de cette femme exceptionnelle qu'était Catherine n'avait rien de commun avec le vice. «Je ne peux tout simplement pas vivre sans amour!», ne cessait-elle de répéter. Pouchkine la décrivait ainsi :

> Même à un âge avancé, on lui donnait une quarantaine d'années. De son visage frais émanait un charme indicible.

On la représente grande, alors qu'elle était plutôt petite. Elle-même, d'ailleurs, aimait à partager ces diversités.

> On a dit, écrivit-elle dans ses *Mémoires*, que j'étais belle comme le jour et d'une stupéfiante tournure. À franchement parler, je ne me suis jamais trouvée extraordinairement jolie, mais je me plaisais, et sans doute fut-ce là ma force.

Ses amants louaient ses cheveux noirs et son teint d'une blancheur éblouissante. Elle avait de longs cils, une bouche qui «semblait appeler le baiser», et surtout une démarche extrêmement leste. «Le son de sa voix était agréable et son rire, aussi gai que son humeur, la faisait passer avec une facilité égale des jeux les plus folâtres aux plus enfantins.» Tout le monde célébrait alors «sa dignité tempérée par la bienveillance, sa beauté et son intelligence, l'esprit romantique de ses amours».

Telle était la Grande Catherine en 1776. Il y avait un peu plus de trente ans qu'elle était arrivée en Russie.

Cependant, Zavadovski, prenant son rôle trop à cœur, entra en contact avec des chefs militaires en vue d'éloigner Potemkine de la capitale. L'imprudent s'en ouvrit à Catherine. Mis au courant, le prince riposta violemment et exigea de l'impératrice qu'elle évince l'indélicat favori. « Le sens commun, seul, te montrera l'issue de cette situation », lui écrivit Catherine, bien décidée à ne pas céder à de telles pressions.

Mais en mai 1777, les diplomates parlaient déjà de la destitution de Zavadovski et de l'influence « inébranlable » de Potemkine.

Le 8 juin, le jeune homme vint implorer l'impératrice de lui conserver ses grâces et celles du prince. En vain. Il avait compris – trop tard – que la Russie possédait deux maîtres : la tsarine et son époux morganatique.

Un accord tacite fut dès lors conclu entre Catherine et Potemkine, qui impliquait que chaque favori se devrait de défendre les intérêts du prince. S'il était difficile d'obliger l'autre à changer, il était possible de connaître et de définir clairement les limites des concessions accordées. Une loyauté totale devait régner entre les trois protagonistes.

Désormais, l'impératrice allait institutionnaliser l'existence de ses favoris, qui seraient traités comme des hauts fonctionnaires de la Cour, voyageant avec elle dans son carrosse et œuvrant sans cesse à son service.

LE TEMPS DES FAVORIS

Avec Catherine II, le favoritisme fut érigé en système officiel de l'Empire, dans lequel se conjuguaient l'amour et la politique. Sans doute la souveraine se donnait-elle ainsi l'illusion de prolonger sa jeunesse dérobée. Elle ne se cachait pas. Quand le favori en titre entrait dans l'appartement impérial, les personnages qui s'y trouvaient en conférence se retiraient. Les diplomates étrangers avaient noté qu'un changement de favori à la cour des tsars était comparable à une crise ministérielle dans un autre pays. Les Russes qui cherchaient une faveur faisaient assidûment la cour au favori du moment et se pressaient pour assister à son lever. Le titulaire de ce poste ne pouvait sortir sans l'autorisation de sa maîtresse, mais il était grandement récompensé. Et encore plus grassement rétribué quand il était mis fin à ce contrat temporaire[1].

Sur quels critères l'impératrice et Potemkine choisissaient-ils les favoris ? Certes, la tsarine était loin d'être insensible à leurs attraits, mais la beauté seule ne décidait pas de leur sort : il leur fallait avant tout être fidèles et loyaux face à la trahison omniprésente.

Après l'éloignement de Zavadovski vint le nouvel élu : Semion Gavrilovitch Zoritch. Il avait été remarqué par les dames de la Cour lors d'un bal masqué au palais d'Hiver.

---

1. En primes de fonction et en cadeaux de rupture, les favoris de Catherine coûtèrent au total une somme correspondant, selon les calculs d'Henri Troyat, à 5 milliards 569 millions de francs, soit près de 850 millions d'euros.

Sur le ciel bleu sombre, le pinceau d'un géant semblait avoir tracé de larges bandes d'or rosé. Mais ces dames ne regardaient pas le ciel ni même un vol de cygnes qui, dans l'obscurité naissante, se dirigeaient vers le nord. Toute leur attention était absorbée par un officier des hussards qui dormait sur l'herbe, les bras et les jambes légèrement écartés. La comtesse de Bruce et l'impératrice s'approchèrent. Le paysage rafraîchi par le souffle du vent venu de la mer était magnifique, mais l'image de ce hussard ajoutait au tableau une « délicieuse sensualité », avait précisé Catherine sans plus de commentaires. Ses pantalons moulant ses longues jambes, ses cheveux longs rejetés en arrière et fièrement déployés sur le sol attisèrent les propos complices des deux femmes. « Renseigne-toi sur lui ! », ajouta l'impératrice. Le jeune homme s'avéra être serbe et âgé de trente ans.

Son costume étant déchiré, le prince Potemkine lui-même ordonna qu'on lui fît don d'un nouvel uniforme. Le hussard, étonné, demanda s'il devait participer à une parade militaire.

« Pas à une parade, mais à une espèce de défilé... », répondit Potemkine avec malice.

La vie de ce garçon avait été un véritable roman de cape et d'épée. Simple paysan, puis berger, il était entré au service de la Russie avec la protection de son oncle et s'était couvert de gloire pendant la guerre contre les Turcs. Blessé et emprisonné, il avait passé quatre ans en Turquie entre escapades clandestines dans les harems et négociations interminables avec les marchands des souks d'Istanbul en vue d'assurer sa fuite en Russie.

Les plus perspicaces furent les diplomates, qui comprirent très vite que l'ascension fulgurante de Zoritch n'entraînerait pas encore la disgrâce de Potemkine. Dans une dépêche des plus explicites, l'attaché de l'ambassade de France, Colbéron, mentionna :

> Pour le premier essai dans l'alcôve de l'impératrice, Zoritch a été récompensé de mille huit cent quatre-vingts serfs mis à son service.

Le tempérament du hussard était cependant trop fort pour qu'il restât humble. Comme son prédécesseur, il tenta de défier

Potemkine et fut remplacé au bout de onze mois. Nanti d'une belle fortune, il acquit par la suite la réputation d'un grand joueur et d'un débauché couvert de dettes[1].

L'éphémère successeur de Zoritch allait être un lieutenant de la garde impériale âgé de vingt-quatre ans, Ivan Rimski-Korsakov.

Sur une grande route inondée par le déferlement des pluies d'automne, Catherine fit arrêter son carrosse devant un long bâtiment en bois, dont une partie servait de relais de poste. Elle demanda que ses courtisans poursuivent leur chemin et proposa au lieutenant de boire du thé. Un robuste paysan au visage basané, que le comte Rimski-Korsakov compara à un brigand de grand chemin, les accueillit avec une politesse glacée. Catherine releva les pans de son manteau de ses mains gantées et invita son jeune courtisan à l'accompagner à l'intérieur. Son éducation sentimentale commençait...

Grande sensuelle, mais aussi femme de tête, elle éloigna très vite, impitoyablement et sans regret, ce nouvel amant. Certes, il n'avait pas tardé, par son inculture, à s'attirer les foudres de l'impératrice et avait été surpris entre deux portes en plein épanchement avec la comtesse de Bruce, mais il avait surtout commis l'imprudence d'oser, dans une lettre, considérer le prince Potemkine comme leur « ennemi commun ».

La raison d'État fut donc plus forte que l'amour...

Catherine, à sa manière, continuait d'aimer Potemkine, et ne cessa jamais de l'estimer, au détriment de tous ses favoris :

> Je n'en suis pas moins convaincue que tout ce que tu entreprendras de ton plein gré ne serait attribué à un autre motif que ton zèle de servir ta patrie. [...] Je tiens à conserver les hommes zélés.

L'intérêt tout à fait rationnel de la grande impératrice est perceptible à travers ces mots ; il l'est encore plus si l'on analyse les personnalités de ses favoris, qui tous étaient des jeunes gens sans fortune, sans famille, sans parents influents. Leur ascension était

1. Pouchkine en fit mention dans sa *Dame de pique*.

simplement due au fait qu'ils se pliaient aux règles du couple impérial. Aucun de ces favoris, même Zoubov, le dernier en date, qui pourtant allait jouir d'un grand pouvoir après le décès de Potemkine, ne joua un rôle autonome.

L'esprit de ces rapports fut caractéristique du cas d'Alexandre Lanskoï qui n'eut pas le temps de s'enorgueillir de sa position. Cet officier de vingt-deux ans, lui aussi sans ressources, devint aide de camp attaché au service de Potemkine. Durant quatre ans, la fidélité de Lanskoï au prince fut sans faille. Dans ses lettres adressées à ce dernier, il ne l'appelait jamais autrement que « mon oncle », ne cessait de regretter son absence à la Cour et l'informait toujours des états d'âme de l'impératrice, comme de son état de santé. Cette fois-ci, l'inclination de cette femme de cinquante ans pour ce tout jeune homme semblait plus puissante, plus apaisée également. La mort subite de Lanskoï, le 25 juin 1784, alors qu'il n'était âgé que de vingt-six ans, suscita un vif chagrin chez Catherine. La rumeur attribua sa disparition à un abus d'aphrodisiaques, mais les rapports médicaux laissent plutôt penser qu'une diphtérie l'emporta en six jours. Nous disposons aujourd'hui du témoignage de Catherine, adressé au baron Grimm :

> Mon bonheur n'est plus là. J'ai pensé que je ne pourrais pas survivre à cette perte irremplaçable. J'avais espéré qu'il serait mon réconfort dans la vieillesse. Il a travaillé son éducation d'une manière si assidue, il obtenait d'importants succès. Il absorbait mes goûts. Je ne puis ni dormir ni manger, tout en moi est angoisse désespérée, je n'ai même plus la force d'écrire. Je ne sais ce que je vais devenir.

Brisée, l'impératrice se barricada dans ses appartements privés de Tsarskoïe Selo, souhaitant ne recevoir personne. Afin d'éviter une crise au sommet de l'État, ses conseillers convoquèrent alors… Potemkine. Ce dernier écouta Catherine sans l'interrompre, puis la réconforta en « hurlant » avec elle – bien plus, selon l'ambassadeur d'Autriche, Cobenzl. Il reprenait son rôle de mari.

Le prince avait sa méthode pour sauvegarder ses rapports avec la grande tsarine. Il savait qu'elle aimait donner de l'amour quand elle triomphait, mais aussi combien elle avait besoin d'en recevoir lorsqu'elle souffrait.

Tout en restant son complice de cœur, il l'aida, en cette seconde moitié du XVIIIe siècle, à faire naviguer le navire de l'Empire à travers les mers agitées de l'Europe. Après avoir été l'amant vigoureux, il agissait désormais en grand chef de guerre. Son action dans le sud de la Russie était primordiale pour Catherine, car elle y voyait une étape importante dans la réalisation de son projet d'accession à la Méditerranée, au détriment de l'Empire ottoman.

Quand éclata en 1787 le conflit contre la Turquie, Potemkine, partisan de la guerre à outrance contre ce pays, prit personnellement le commandement de l'armée et s'empara de la ville d'Otchakov, symbole de la résistance turque. Il considérait déjà la Russie comme un rempart essentiel pour la défense de l'Europe face aux pays musulmans.

L'absence du prince dans la capitale donna à ses adversaires la possibilité d'ourdir nombre d'intrigues à son encontre. Mamonov, son compagnon de lutte contre les Turcs, qu'il se plaisait à appeler « Bel-Ami[1] », nouvel amant de Catherine, allait être son allié.

Surnommé par l'impératrice « Habit rouge », en raison de son élégance vestimentaire, Mamonov avait vingt-huit ans. Fort instruit, parlant couramment le français et l'italien, il était aussi grand amateur de musique et intéressé par la chose publique. Parmi les favoris de Catherine, il fut certainement le plus cultivé et acquit une réelle influence à la Cour. Son allure majestueuse, ses gestes brusques et ses cheveux désordonnés, « couleur des steppes au moment des moissons », faisaient fureur à Saint-Pétersbourg. Catherine tomba sous son charme. Elle avait cinquante-neuf ans et s'attacha sincèrement à ce garçon, à tel point qu'elle devint jalouse de sa belle-fille, parce que Mamonov fixait avec gourmandise la jeune femme légère et frivole. Pourtant, le vrai danger allait venir d'ailleurs.

---

1. Étrange prémonition du titre du roman de Maupassant.

Au cours d'un bal organisé par Catherine, le jeune homme fut ébloui par une autre princesse[1]. Un an plus tard, il avoua à l'impératrice que le regard de la jeune fille, ses lèvres rieuses et son abondante chevelure noire l'obsédaient depuis cette soirée. Comme un chat qui retombe toujours sur ses pattes, Catherine pardonna et assista même aux fiançailles de son bien-aimé d'hier. Mamonov se vit doté de nombreux présents et d'un poste à Moscou. L'art de vivre de l'impératrice prévoyait, il est vrai, la séparation sans tragédie :

> Quand on s'est bien rencontré, il faut savoir bien se quitter.

Confirmant que dans la vie rien n'est définitif, elle se tourna vers celui à qui elle pouvait se livrer sans craindre le reproche, Potemkine :

> Viens me choyer, me réconforter.

Il était le seul à pouvoir le faire, à la comprendre et, paradoxalement, à sa façon, le seul à lui demeurer fidèle.

Cependant, le prince guerroyait alors dans le Sud et se trouvait trop loin pour répondre à son appel.

En ces années 1790, Catherine était préoccupée par les transformations de l'Europe à la suite de la Révolution française. La propagation des idées révolutionnaires, dont elle craignait qu'elles ne déstabilisent l'Empire, était devenue pour elle une véritable obsession. Elle pensait même que Potemkine sous-estimait le danger.

Alors âgée de plus de soixante ans, Catherine hésita pour la première fois à faire part à son époux de l'arrivée dans sa vie d'un lieutenant de la garde montée, Platon Zoubov. Elle avait en effet rompu avec leur pacte secret par lequel Potemkine disposait d'un droit de regard sur les choix de la tsarine. Les espions du prince à Saint-Pétersbourg s'empressèrent de l'informer de la présence du nouveau favori. Si l'impératrice guettait les réactions de son « cher époux », Potemkine avait d'autres préoccupations. Il était

1. La princesse Chtcherbatov.

vrai que l'arrivée du jeune homme pouvait modifier l'équilibre des forces politiques en sa défaveur ; cependant, il savait que, dans les moments fatidiques, seules la force et la volonté faisaient la différence. Il ne s'agissait plus pour lui d'accomplir de tendres performances, mais de gagner de grandes batailles qu'il offrirait à son impératrice, pour la gloire de l'Empire.

Les victoires de l'armée et de la flotte russes contre la Sublime Porte allaient priver ses adversaires de la moindre possibilité d'affaiblir son autorité. Potemkine, à ce moment-là, se révéla fin diplomate. En 1789-1790, les agissements subtils des Prussiens en Turquie et en Pologne, de concert avec les représentants des intérêts britanniques, firent naître en Europe une véritable coalition contre Catherine II. À cette époque, Frédéric II de Prusse, qui avait inventé un principe philosophique d'État misogyne, proclamait :

« Une femme est toujours une femme, la chatte a plus d'influence que la politique d'une entreprise guidée par la raison droite. »

Du fait de l'agitation créée par la Révolution française, les relations franco-russes s'étaient envenimées. Sentant l'affaiblissement de la Russie, on commençait, dans les cercles dirigeants de Berlin, à évoquer le limogeage de l'impératrice au profit de son fils Paul. Si Catherine émit le désir d'employer la manière forte pour riposter à ces intrigues ourdies par le roi de Prusse, Potemkine, intuitif, choisit en définitive la subtilité – ce qui entraîna d'ailleurs de violentes disputes dans le couple. Un étrange jeu de miroirs s'opéra entre le chef de guerre, qui insistait sur les compromis, et la femme blessée, qui voulait aller jusqu'au bout de sa démarche de souveraine. Ces scènes ressemblaient fort à des querelles de ménage. L'impératrice pleurait, refusant de céder aux ultimatums des dictateurs de Berlin. Grâce à son alliance avec Zoubov, ainsi qu'aux cercles influents de Prusse et d'Angleterre qui acceptèrent le compromis proposé par le prince, Potemkine finit par l'emporter.

Potemkine, qui n'aimait pas les brumes de Saint-Pétersbourg, régnerait au sud. Catherine, créatrice des splendeurs de cette Venise du Nord, continuerait de présider au destin de la Russie septentrionale. L'autre membre éphémère du trio, Platon Zoubov, reconnut plus tard, dans une de ses lettres, que Potemkine avait été plus fort que lui :

> Car je ne pouvais l'éliminer de mon chemin. Il aurait pourtant fallu le faire, parce que l'impératrice allait toujours au-devant de ses désirs.

Et il avait ajouté une phrase ô combien significative :

> Elle avait peur de lui comme d'un époux exigeant. Elle me disait souvent que je devais le prendre comme exemple.

Il terminait avec lucidité :

> Lui était son amour, elle était tout simplement amoureuse de moi...

«ADIEU, MON LION SUPERBE ET GÉNÉREUX»

Les pieds nus, la robe de chambre à demi ouverte, Potemkine avait souvent accueilli l'impératrice et les ambassadeurs dans un tel accoutrement. Mais le beau Slave au profil grec avait bien changé.

S'il avait conservé sa stature de géant à la poitrine large et velue, ses cheveux étaient désormais gris ; son visage et son corps s'étaient empâtés ; son œil mi-clos et aveugle lui donnait l'apparence d'un pirate. Naguère une véritable force de la nature, il ressemblait à présent à un lion mortellement blessé.

Ainsi apparaissait en cet automne 1791, comme son propre fantôme au beau milieu des steppes sauvages, Son Altesse Sérénissime le prince du Saint Empire romain germanique Grigori Potemkine, sans doute époux de l'impératrice de Russie Catherine II et certainement le grand amour de sa vie, le meilleur ami de cette femme extraordinaire, codirigeant de son immense empire et partenaire de ses rêves. Il était prince de Tauride, maréchal, commandant en chef de l'armée russe, grand hetman des Cosaques, grand amiral de la mer Noire et de la Caspienne, président du conseil militaire, vice-roi du Sud, et peut-être le prochain souverain de Pologne ou d'une autre principauté de sa propre création. Le Prince ou Sérénissime, comme il était appelé dans l'Empire russe, avait partagé durant près de deux décennies le fardeau du pouvoir avec Catherine II.

Ils se connaissaient depuis une trentaine d'années et avaient vécu quelque vingt ans ensemble. Comme nous l'avons vu, Catherine l'avait remarqué alors qu'il était encore un jeune homme et l'avait choisi bien plus tard pour bien-aimé. Quand leur passion s'était tarie, il était néanmoins resté son plus proche ami, son partenaire par excellence, devenant son ministre le plus puissant, une sorte de « coempereur », l'un des personnages emblématiques de l'histoire de la Russie.

Elle le craignit, le respecta et l'aima toujours, même si leurs relations furent orageuses.

Potemkine avait passé les quinze années qui s'étaient écoulées à voyager dans l'immensité de la Russie comme un véritable aventurier, un perpétuel nomade. Il avait d'ailleurs toujours éprouvé une certaine difficulté à vivre dans ses innombrables palais. Ce « génie », pour utiliser une autre épithète que lui attribuait Catherine, avait largement contribué à renforcer et à élargir l'Empire. Il avait créé la flotte de guerre de la mer Noire, remporté la seconde guerre contre les Ottomans, entrepris la colonisation des steppes ukrainiennes et fondé des villes inoubliables, comme Odessa et Sébastopol.

Le Sérénissime avait donc construit son propre monde. Certes, son pouvoir dépendait de son partenariat inflexible avec Catherine, mais il pensait et se comportait comme un souverain. Si Potemkine avait ébloui le monde par ses réalisations titanesques et ses connaissances de grand érudit, il en choqua aussi plus d'un par son arrogance et sa débauche, son indolence et son goût immodéré du luxe. Et pourtant, ses ennemis eux-mêmes célébraient son intelligence et sa créativité.

En cet automne 1791, Potemkine conduisait ses équipages sur les routes de Moldavie, cet ancien territoire du sultan ottoman, qu'il avait conquis par lui-même pour la plus grande gloire de son impératrice. Se sentant fatigué, il voulut faire halte dans le lieu le plus sauvage et peut-être le plus beau de ces steppes infinies. Il demanda à ses chers Cosaques ukrainiens de lui construire une tente de fortune.

Le 3 octobre, le prince reçut ces mots de l'impératrice :

> Mon cher ami, je dois avouer que je suis extrêmement préoccupée… Je prie Dieu qu'il te donne la santé pour revenir très bientôt.

Les médecins accourus auprès de Potemkine, un Français et deux Russes, demeuraient impuissants. Ils étaient en outre pétrifiés par la peur, tant les accusations d'empoisonnement étaient fréquentes à la cour des tsars…

Les jours passèrent sans que la santé du prince s'améliorât. Bon nombre de ses proches étaient déjà en pleurs.

Tous assistèrent bientôt aux derniers moments du Sérénissime. Seule femme au milieu de cette foule pittoresque se trouvait sa nièce préférée, la comtesse Alexandra[1].

Les multiples légendes évoquant les amours de Potemkine avaient choqué jusqu'aux Français eux-mêmes, pourtant courtisans par excellence au temps de Louis XV. Les cinq nièces de Potemkine, toutes d'une rare beauté, avaient-elles réellement été ses maîtresses ? Avait-il vécu sa plus belle histoire d'amour avec cette comtesse Alexandra, la plus ravissante de toutes ? Ce fut en tout cas à ses côtés qu'il entreprit son dernier voyage.

Le 12 octobre, déclarant qu'il ne voulait pas mourir dans un carrosse, le Sérénissime demanda à être allongé dans l'herbe de la steppe. La comtesse ordonna d'étendre sur l'herbe un tapis persan. On y installa doucement Potemkine, vêtu de la robe de chambre en soie bordée de fourrure que lui avait envoyée quelques jours plus tôt Catherine. La comtesse glissa délicatement un oreiller sous sa tête. Le prince de Ligne avait naguère affirmé que Potemkine, parce qu'il avait accompli tous les buts de sa vie, à la fois comme amoureux, comme chef de guerre et comme homme d'État, souhaitait la mort. Le « prince aux pieds nus » reposait à présent dans la vaste plaine. Ce mélange d'exotisme et de civilité avait toujours été une caractéristique essentielle de cette personnalité hors norme, un reflet de ses contradictions. Catherine, pour le taquiner, ne l'appelait-elle pas d'ailleurs « ma basse-cour » ?

Le vent chaud apportait la douce odeur du seigle en fleur. Le moribond posa sa main, pour la première fois tremblante, sur une pierre, inattendue au milieu des herbes multicolores des steppes.

---

1. Alexandra Branicka, alors âgée de trente-sept ans.

« Comme c'est froid, souffla-t-il, comme l'amour est mystérieux, la tendresse d'une femme, le soleil, les fleurs, les herbes. Comme la vie a été belle. »

À l'instant suprême, celui qui, naguère, avait souhaité entrer dans les ordres, murmura :

« Pardonne-moi, Mère de miséricorde souveraine… »

Le « prince des princes », comme le nomma le philosophe anglais Jeremy Bentham, achevait là son éblouissante destinée.

Son grand amour, Catherine, allait à son tour disparaître cinq ans plus tard.

La France,
ce rêve honni et fascinant

PAUL IER LE VERSATILE

Le règne du fils de Catherine II fut bref[1].

En Russie, Paul Ier a souvent été présenté comme un demi-fou, à la botte de la Prusse et de l'ordre de Malte.

Sa politique extérieure semblait en effet plus incohérente encore que sa politique intérieure, qui avait consisté à anéantir l'œuvre de sa mère et avait privé les Russes de toute liberté. Après avoir mis fin à la campagne que Catherine avait entreprise contre la Perse, le nouveau tsar s'indigna de l'occupation de l'île de Malte par Bonaparte. Aussi se fit-il élire Grand Maître de l'Ordre et déclara-t-il la guerre à la France.

Survint alors un revirement inattendu : subitement, Bonaparte devint pour Paul un exemple à suivre, un ami à cultiver. Le tsar se rapprocha donc de la France et se fâcha avec l'Angleterre, laquelle, contrairement à sa promesse, se refusait à présent à restituer l'île de Malte aux chevaliers. En représailles, des troupes russes furent envoyées à la conquête des Indes…

Inquiet de l'incohérence de Paul, son entourage commença à envisager sérieusement de le renverser. Une conjuration au sein de la famille impériale et de la Garde allait décider de son sort.

Dans la pluvieuse nuit du 11 au 12 mars 1801, un groupe d'officiers conduit par le comte de Pahlen, gouverneur militaire de Saint-Pétersbourg, fit irruption dans les appartements du tsar, au

1. Il ne devait durer que six ans, entre 1796 et 1801.

palais Mikhaïlovski, où le général Valerian Zoubov (frère du dernier favori de la Grande Catherine) frappa mortellement l'empereur avec une lourde tabatière.

Lorsque le chef des comploteurs se rendit dans les appartements du grand-duc Alexandre[1], il le trouva en grand uniforme, pleurant dans les bras de sa femme.

« C'est assez d'enfantillages, venez... régnez ! », lui aurait-il intimé[2].

Le grand-duc Nicolas, historien avisé de la famille Romanov, affirma quant à lui :

> L'héritier du trône connaissait pertinemment tous les détails du complot, mais n'a rien fait pour qu'il échoue.

La majorité des historiens s'accorde cependant à dire qu'Alexandre s'attendait à une abdication forcée, non à un assassinat. Ainsi les conjurés, une fois le crime perpétré, l'avaient-ils mis devant le fait accompli.

La peur, désormais, n'allait plus quitter le nouveau couple impérial : il n'oublierait jamais que le grand-père et le père d'Alexandre avaient été assassinés par leur proche entourage, hostile à leur politique.

1. Fils aîné et successeur de Paul Ier.

2. D'après le témoignage direct d'Alexandre Langeron, un émigré français servant dans l'armée russe.

L'INSAISISSABLE ALEXANDRE Iᴱᴿ

À son fils Paul, la Grande Catherine avait toujours préféré son petit-fils Alexandre.

«Je n'ai jamais vu un homme aussi bien fait», disait Schenig, un officier de la maison impériale qui avait eu l'occasion de voir son maître nu. «Les mains, les pieds, toutes les parties du corps auraient pu servir de modèle à un sculpteur... Son port est noble, sa parole facile et aimable, sa politesse extrême.» Dans les lettres qu'elle adressa à son «irremplaçable interlocuteur», le baron Grimm, la grande impératrice ne tarissait donc pas d'éloges sur «Monsieur Alexandre, beau comme un ange».

Elle avait même songé à faire de lui son successeur direct, mais elle mourut avant d'avoir pu réviser l'ordre de succession au trône en sa faveur.

L'enfant fut élevé dans une atmosphère imprégnée de culture française, entouré d'émigrés qui avaient fui la révolution de 1789. Son précepteur, le philosophe suisse et républicain convaincu La Harpe, l'éduqua dans l'esprit des Lumières et exerça sur lui une forte influence.

Mais la vie d'Alexandre Ier allait connaître des changements vertigineux à l'issue desquels ses ennemis se mueraient en alliés, et ses alliés en opposants.

Tout au long de son règne, la personnalité d'Alexandre se modifia à plusieurs reprises, révélant des contradictions flagrantes et une instabilité dominante qui déconcertaient ses contemporains.

Après l'assassinat de son père, le prince héritier fit ainsi place à un nouvel Alexandre, puis à un troisième avant la bataille d'Austerlitz, à un quatrième au sortir de la débâcle russe, et enfin à un cinquième après sa rencontre avec l'empereur des Français à Tilsit. Et combien de fois devait-il changer encore, par exemple en 1814, lors de son entrée triomphale dans Paris, ou à l'époque où le pouvoir en Russie fut confié aux militaires…

Il ne s'agissait pas de simples sautes d'humeur : il variait véritablement, dans sa vie sentimentale, dans ses opinions sur les hommes, dans ses rapports avec ses semblables, dans les manifestations de son caractère. À l'instar du Bouddha des légendes hindoues, il passait par diverses mutations, apparaissant sans cesse sous un jour nouveau.

Les actes du tsar étant directement subordonnés à sa personnalité mouvante et indécise, de continuels revirements marquèrent donc les différentes phases du règne d'Alexandre Ier. Ainsi le temps de gestation des réformes (1801-1805) fit-il place aux premières luttes contre Napoléon (1805-1807), avant que ne se décident une union avec l'empereur des Français et la participation de la Russie au système continental (1808-1812), qui aura des conséquences désastreuses sur l'économie du pays. Ce fut à cette époque que s'effectua aussi un retour à l'action réformatrice, abandonnée durant les années de guerre. S'ouvrit ensuite une nouvelle phase belliqueuse contre la France (1812-1815), qui aboutit au découpage de l'Europe par les vainqueurs (1816-1818). En dernier lieu vint une période marquée par le renoncement aux réformes (1819-1825), épisode de réaction et de naissance du mouvement révolutionnaire qui explosa en décembre 1825, avec la révolte des officiers de la Garde.

Après son avènement, Alexandre entreprit un ensemble de réformes libérales, envisageant même l'abolition du servage, ce grand fléau russe. Il fit rentrer au pays les Cosaques que son père avait chargés de « conquérir les Indes », libéra les prisonniers politiques détenus à la forteresse Pierre-et-Paul, rappela les exilés et remplaça les uniformes à la prussienne, chers à son père, par des tenues typiquement nationales.

Avec l'aide de Russes et de Polonais élevés à la française, Alexandre s'essaya de surcroît à fonder un « Comité de salut public » capable de mettre un frein au despotisme de son gouvernement. Deux ou trois fois par semaine, ces jeunes gens dînaient au palais. Après le repas, devant une bonne bouteille de bordeaux, à l'abri des indiscrets, on dissertait de tout, on faisait mille projets pour l'avenir. Le tsar s'entoura un temps d'hommes qui affichaient des idées que l'on qualifierait de nos jours de « progressistes ».

Ces velléités n'eurent cependant qu'un impact très limité sur la société russe. « Il consent, dit encore un de ses confidents de l'époque, que tout le monde soit libre, à condition que l'on fasse librement sa seule volonté. »

La Révolution française, puis la politique expansionniste de Napoléon Ier allaient en outre détourner Alexandre des affaires intérieures.

Mais ce tsar rêveur et romantique, inconséquent et irrésolu, se plaignait de n'être environné que de courtisans frivoles. Dans un de ses accès de mélancolie, il avait écrit :

> Je ne me sens pas du tout fait pour la place que j'occupe en ce moment, et encore moins pour la place qui m'est destinée. [...] Un jour, j'irai m'établir au bord du Rhin, où je vivrai tranquille, en simple particulier, faisant consister mon bonheur dans la société de mes amis et l'étude de la nature.

NAPOLÉON ET L'EMPIRE DES TSARS

Au début du XIXe siècle, les sociétés française et russe renouèrent entre elles les liens rompus par la révolution de 1789. On célébra à Moscou la gloire du Premier consul et les « boyards » de vieille souche reprirent le chemin de Paris. À Saint-Pétersbourg, le plus beau des jardins de la ville, l'Arcadia, possédait deux théâtres, dont l'un était un véritable Opéra où l'on pouvait applaudir Mme Vaillant-Couturier. Les pièces françaises faisaient depuis longtemps fureur et tout le monde gardait en mémoire le passage dans la capitale, quelques années plus tôt, de la plus éclatante des actrices du Théâtre-Français, la fameuse Mlle George.

Dans les premiers temps de leur règne, Bonaparte et Alexandre Ier ne s'imitaient pas réciproquement – et Dieu sait si leurs rapports allaient être ambigus –, mais ils s'appliquaient l'un et l'autre à réaliser les concepts politiques qui étaient nés et s'étaient développés au cours du siècle précédent.

Bonaparte inscrivit ainsi en tête de la Constitution consulaire la Déclaration des droits de l'homme, régla de façon précise les attributions des ministres, institua un Sénat dit « conservateur », qui ressemblait assez à celui de Saint-Pétersbourg, et créa un Conseil d'État. Tel un tsar, cependant, il en vint assez rapidement à ne plus tolérer de résistance ou même de contradiction. Tandis que Napoléon marchait impitoyablement vers la gloire, Alexandre, lui, se voulait un garant de la paix européenne. À l'intérieur, il accomplit un certain nombre de réformes très françaises d'origine, qui, par leur nature aussi bien que par leur terme, prirent rang dans l'histoire à côté de celles du Premier consul.

Avec une certaine hésitation, Alexandre tendit d'abord la main à Bonaparte, nouveau chef de la République française. Le tsar avait déclaré dans son manifeste vouloir gouverner « suivant les principes et d'après le cœur de Catherine II ».

Mais selon ses termes mêmes « au fil des années, le problème central de la politique étrangère de l'époque » se révéla surtout être Napoléon. Alexandre tenait aussi rigueur au « tyran corse » de ce que ce dernier avait fait enlever le duc d'Enghien sur le territoire de Bade, possession de la famille de la tsarine.

De 1805 à 1807, la Russie entra donc dans la coalition contre la France, aux côtés de l'Autriche, de la Grande-Bretagne et de la Prusse. Mais autant Alexandre appréciait les parades militaires, autant il détestait la guerre.

La bataille d'Austerlitz allait véritablement représenter une étape dans l'évolution des rapports entre les deux hommes. Une blessure d'amour-propre pour Alexandre, qui éclaire, d'une certaine manière, les ressorts intimes de la personnalité de ce tsar pas comme les autres.

Alexandre, donc, n'était pas un homme de guerre. L'observateur privilégié de ces événements, le chancelier autrichien Metternich, considérait d'ailleurs que le caractère du tsar offrait « un singulier mélange de qualités viriles et de faiblesses féminines »...

Quoi qu'il en ait été, « le Corse » mit l'armée russe en déroute à Austerlitz, obligeant Alexandre à une fuite humiliante qui semblait confirmer les déficiences de son tempérament. Napoléon le battit encore à Eylau, mais à Friedland, aucun doute n'était plus permis : les Russes étaient bel et bien vaincus. Ils avaient perdu quinze mille hommes ; les Français, moitié moins. Constantin, le frère d'Alexandre, sema la panique parmi les troupes en retraite, leur annonçant l'apocalypse si le tsar ne traitait pas sur-le-champ avec l'« invincible Napoléon ».

Fort ébranlé par les alarmes de son cadet, l'empereur russe se décida à demander un armistice. Ce fut à Tilsit que Napoléon accepta de négocier une paix séparée.

TILSIT
OU L'ALLIANCE DES AIGLES

Il n'y avait d'autre issue que la négociation. En juin 1807, ayant approuvé les clauses de l'armistice, Alexandre rencontra Napoléon non loin de Tilsit.

L'Empereur avait fait aménager un pavillon sur un radeau, au milieu du fleuve Niémen qui séparait alors les territoires occupés par les Russes et les Français. Les pourparlers, qui allaient durer douze jours et presque autant de nuits[1], s'ouvrirent sur une question de Napoléon, entrée dans les annales :

« Au nom de quoi combattons-nous ? »

À l'occasion des discussions qui suivirent, le tsar mania avec aisance un français plus pur que celui de Napoléon (qui avait conservé l'accent et des tournures corses), mettant en exergue un certain vernis occidental qui ne laissa pas indifférent le camp adverse.

Le 7 juillet, les deux empereurs s'étreignirent, s'embrassèrent, signèrent en un clin d'œil la paix... et allèrent même jusqu'à conclure une alliance ! Par cet accord, le roi de Prusse, qui avait été présent – ou plutôt toléré – à certains entretiens, perdait la moitié de son royaume, ces territoires étant en partie destinés à en former un autre, le royaume de Westphalie, sur lequel devait bientôt régner le plus jeune frère de l'Empereur, Jérôme Bonaparte. Les Russes

1. Les entretiens, commencés le 25 juin 1807 (NS), se prolongèrent sur la terre ferme, à Tilsit même, jusqu'au 7 juillet (NS).

ne cédaient rien, mais étaient contraints d'accepter la création du grand-duché de Varsovie (prélude à une Pologne reconstituée), placé sous protectorat français. Il leur revenait aussi de négocier la problématique de paix entre la France et l'Angleterre. Le traité de Tilsit consacrait donc l'alliance secrète des deux empereurs contre la Grande-Bretagne. Mais c'était là un piège, car l'inévitable échec de cette « médiation » allait obliger la Russie à se joindre au fameux Blocus continental par lequel Napoléon espérait bien réduire à sa merci la « perfide Albion ».

Ainsi Alexandre – plus insaisissable que jamais – acheva-t-il sa première évolution, donnant comme successeur dans son âme à son ami le duc d'Enghien son propre meurtrier.

Il est vrai que Napoléon ne lui avait pas ménagé les avances. Le voyant pour la première fois, il s'était, disait-on, écrié d'emblée « C'est Apollon ! », exactement comme ces émigrés qui le comparaient à une statue de l'Amour dressée au milieu des jardins des palais impériaux. Dans un premier temps sans doute, Napoléon avait été réellement séduit. On pouvait le croire sincère, car ce fut à sa femme Joséphine qu'il donna son sentiment :

> Mon amour, [...] c'est un fort beau, bon et jeune empereur ; il a de l'esprit plus qu'on ne croit communément.

Mais l'empereur des Français avait lui aussi semblé exercer un vif attrait sur le tsar. Même Metternich, toujours sarcastique, avouait qu'il était difficile de ne pas succomber à la conversation de Napoléon qui « avait un charme difficile à définir [...] et dont il était impossible de se défendre. On se sentait moins fort que lui et comme contraint de se soumettre à son influence ».

Bref, entre Alexandre et Napoléon, ç'avait été à première vue un coup de foudre. Les deux hommes semblaient vouloir aller très loin et étaient tombés d'accord pour se partager le continent. À l'Ouest, l'empire d'Occident tenu par Napoléon ; à l'Est, l'empire d'Orient sous le contrôle d'Alexandre. Une sorte de Yalta avant l'heure. Napoléon s'était engagé à laisser au tsar les mains libres en Suède et à partager avec lui des possessions turques en Europe.

Mais Alexandre avait apporté à Tilsit un plan plus ambitieux, dont l'exécution devait, à son avis, effacer ses défaites, la honte de deux guerres perdues, et l'auréoler d'une gloire plus grande encore que celle de Catherine II. Il était, à dire vrai, le seul à soutenir ce plan, et il s'y tenait avec d'autant plus d'obstination que personne n'y croyait. Son dessein renfermait l'idée de vastes conquêtes territoriales aux dépens de l'Empire ottoman, notamment l'annexion de la Moldavie, de la Valachie et peut-être de Constantinople.

Plus habile que jamais, «le Corse» avait fait miroiter ces annexions à Alexandre au cours des négociations, lui «cédant» la Turquie en échange de l'Europe que le tsar s'engageait à abandonner à son ancien adversaire. Bien évidemment, Napoléon comptait gagner du temps et accorder à son nouvel «allié» beaucoup moins que ce qu'il venait de lui promettre : en tout état de cause, il n'avait pas un instant pensé à le laisser prendre Constantinople.

Ce fut donc à la vérité une «vrai-fausse familiarité» qui s'établit entre l'Empereur et le petit-fils de la Grande Catherine lors des accords de Tilsit. Mais l'ancien officier d'artillerie, porté au pinacle par son talent, avait-il le moyen de pénétrer un tsar habité par l'esprit byzantin, difficile à déchiffrer ?

En apparence donc, Alexandre fut satisfait de Napoléon, et l'empereur des Français, comblé par son auguste interlocuteur. Mais en Russie, ceux qui étaient en mesure d'exprimer une opinion firent connaître leur mécontentement. En apprenant les dispositions du traité et le renversement des alliances, la haute société de Saint-Pétersbourg et surtout de Moscou, plus traditionaliste et patriarcale, avait été littéralement choquée dans ses meilleurs sentiments patriotiques.

En attendant, Napoléon envoya à Alexandre le général Savary, afin de négocier la venue d'un ambassadeur plénipotentiaire en titre. Ce choix fut perçu comme une provocation : l'homme, qui avait été en charge de la police secrète du Premier consul, passait également pour avoir organisé l'enlèvement du duc d'Enghien. Le tsar le reçut chaleureusement, mais il fut bien le seul à lui marquer des égards.

Il ne faudrait cependant pas sous-estimer les talents de dissimulation d'Alexandre Ier qui sut donner le change parce qu'il était un acteur consommé : enfant, n'était-il pas capable d'interpréter, avec un égal bonheur, trois rôles dans la même pièce ?

Napoléon le disait vaniteux, il était plutôt orgueilleux… Il le pensait versatile, mais il le découvrait entêté.

Le jour de la signature du traité, à Tilsit, Alexandre avait fait devant lui une telle scène de séduction que l'Empereur, loin d'en être dupe, l'avait surnommé depuis « le Talma du Nord », par allusion au talent d'acteur du plus célèbre des comédiens français. Pourtant, écrivit encore Napoléon, « il lui manqu[ait] une pièce, je n'ai jamais pu découvrir laquelle ».

Mais Alexandre était aussi suffisamment lucide pour écrire à sa sœur, à la suite d'une conversation avec son homologue français :

> Il me prend pour un imbécile, mais rira bien qui rira le dernier.

Son abondante correspondance témoigne d'une grande exaltation spirituelle et d'une extrême mobilité de sentiments. Il était au fond le fils légitime du XVIIIe siècle, l'élève des théoriciens de l'*Encyclopédie* ; il préférait Jean-Jacques Rousseau à Voltaire et accordait son admiration complaisante au *Génie du christianisme* et à la *Critique de la raison pure*. Ce qui constitua son originalité en tant que souverain – et ce qui fut sa faiblesse –, ce fut la part excessive qu'il donna dans toutes ses résolutions à l'imagination mystique et au cœur. Ce qu'il avait aimé, ce dont il avait subi la séduction lui apparaissait la vérité – vérité d'un moment, changeante comme ses impressions, comme son entourage.

BEAU-FRÈRE DU TSAR ?

Ce fut à cette époque que Napoléon fit demander pour lui-même la main de la grande-duchesse Catherine, sœur d'Alexandre, une union qui lui aurait assuré paix, alliance et reconnaissance.

L'empereur des Français éprouvait une vive affection pour son épouse Joséphine, mais celle-ci ne convenait pas à sa situation nouvelle. Alors qu'il ambitionnait de fonder une dynastie, elle n'avait pas su lui donner d'héritier. Napoléon engagea donc une procédure de divorce et se fit établir la liste d'une dizaine de fiancées possibles appartenant à des familles régnantes, au premier rang desquelles il plaça la *tsarevna* Catherine. Celle-ci, qui pourtant détestait « l'Ogre », se déclara prête à consentir. Mais Alexandre, peu enclin à un tel rapprochement, feignit de n'avoir pas entendu…

L'année suivante, en septembre 1808, les deux nouveaux alliés se revirent à Erfurt. Talleyrand, que l'Empereur y avait envoyé à l'avance afin de préparer la rencontre, devina les ambiguïtés du caractère du tsar. Il multiplia les tête-à-tête et parvint à le convaincre du rôle qu'il pouvait jouer pour la « paix de l'Europe ».

« Sire, lui dit-il, c'est à vous de sauver l'Europe, et vous n'y parviendrez qu'en tenant tête à Napoléon. Le peuple français est civilisé, son souverain ne l'est pas ; le souverain de la Russie est civilisé, son peuple ne l'est pas. C'est donc au souverain de la Russie d'être l'allié du peuple français… »

Alexandre reçut ainsi de Talleyrand une proposition officielle de mariage. Dans un premier temps, le tsar se prétendit favorable à cette union, mais se retrancha derrière l'indispensable consentement de sa mère et de la principale intéressée. De fait, la tsarine douairière se prononça contre cette mésalliance. La grande-duchesse Catherine, au contraire, fidèle à son caractère trempé, affirma se sentir parfaitement capable de maîtriser son terrible prétendant. Elle finit malgré tout, sur les conseils de son flamboyant amant, le général prince Bagration, par renoncer à la couronne de France. Ayant plusieurs fois affronté l'« invincible » sur les champs de bataille, ce vigoureux quadragénaire d'origine géorgienne lui avait assuré que Napoléon était « une brute que nul ne [pouvait] dompter ». Catherine épousa donc le prince d'un tout petit pays, Georges d'Oldenbourg.

Mais Caulaincourt, l'envoyé plénipotentiaire de Napoléon, revint à la charge, demandant au nom de l'Empereur la main d'une autre sœur du tsar, Anna, âgée de quinze ans à peine. Et Alexandre d'invoquer de nouveau l'opposition de sa mère. C'était une dérobade à peine voilée.

Cette fois, l'idée d'une alliance matrimoniale entre la France et la Russie fut enterrée. Et quinze jours plus tard, la rumeur désignait déjà la fille de l'empereur d'Autriche comme la future impératrice des Français. Napoléon, en effet, avait pris une option sur Marie-Louise, et selon la formule du prince de Ligne, François d'Autriche avait « sacrifié sa belle génisse pour assouvir le Minotaure ».

Si Alexandre et Napoléon n'étaient pas officiellement devenus parents, ils l'étaient tout de même « de la main gauche » par l'épouse d'un dignitaire de la cour des tsars, Marie Narychkine, et la comtesse Marie Walewska, sans oublier leurs « histoires réciproques » avec Mlle George…

Mais une question plus grave que ces mariages ratés opposait à présent les deux hommes : le problème de la Pologne, où chacun des deux pays voulait exercer une influence dominante et où, en réalité, chacun des deux protagonistes continuait de jouer double jeu.

De retour à Saint-Pétersbourg, Alexandre entreprit de mener des pourparlers secrets avec la cour autrichienne. Le prince Schwarzenberg, ambassadeur d'Autriche en Russie, informa Vienne, au terme d'un entretien avec le tsar, que la Russie, en cas de guerre, n'apporterait pas d'aide réelle à la France[1].

Mais dans l'intervalle, la situation militaire changea de nouveau en faveur de Napoléon. La victoire éclatante de l'Empereur à Wagram contraignit l'Autriche, en octobre 1809, à signer le traité de Vienne : selon les dispositions de cet accord, elle céda une part considérable de ses possessions de Pologne. Napoléon intégra les provinces conquises dans le grand-duché de Varsovie, gonflant sa population de presque deux millions de personnes, et proposa au tsar la très modeste région de Tarnopol, en Galicie orientale, en guise de « pot-de-vin[2] ».

La guerre austro-française s'acheva donc inopinément pour Alexandre : par un net élargissement du grand-duché de Varsovie réunissant les trois quarts de la Pologne géographique et par la renaissance (certes encore embryonnaire) d'une armée nationale polonaise, sous le commandement du prince Poniatowski.

---

1. La teneur de ces tractations confidentielles ne fut connue qu'au début du XXe siècle.

2. Selon la formule même de l'empereur des Français.

LA POMME DE DISCORDE

« Alexandre est trop faible pour gouverner et il est trop fort pour être gouverné », disait du tsar son grand ministre, Speranski.

Il n'était peut-être pas assez ondoyant ni assez rusé pour le tromper, mais il était trop souple et trop habile pour se laisser berner longtemps par Napoléon. Ce dernier avait d'ailleurs confié à Metternich :

« Il serait difficile d'avoir plus d'esprit que n'en a l'empereur Alexandre, mais il y a en lui quelque chose que je ne peux définir. C'est un je-ne-sais-quoi que je ne pourrais mieux expliquer qu'en vous disant qu'en tout il lui manque quelque chose. Ce qu'il y a de plus singulier, c'est qu'on ne peut jamais prévoir ce qui lui manquera dans un cas donné ou dans une circonstance particulière, car ce qui lui manque varie à l'infini. »

Si Alexandre Ier avait déclaré avec sincérité au représentant français Savary : « Ici, il n'y a que vous et moi qui aimions la France », tout ce qui comptait dans la société russe – cette société admirablement analysée par Tolstoï dans *Guerre et Paix* – parlait de l'Occident avec cet accent indéfinissable où se distinguaient à la fois, par d'imperceptibles nuances, l'amour, l'émulation et la jalousie.

Le rêve de Tilsit allait pourtant s'achever par une grande guerre qui amènerait successivement et en armes les Français à Moscou et les Russes à Paris, transformant notre roman en une grande tragédie politico-militaire. Un chapitre sanglant où succomberaient tant de malheureux, ensevelis sous les neiges de la Russie.

Pour l'heure, la question polonaise continuait d'alimenter la rivalité des deux hommes. L'empereur Alexandre soupçonnait son homologue français – et là, il n'avait pas tort – de vouloir rétablir un État polonais sous son protectorat et, sans doute, sa couronne. Or, les tsars et les tsarines visaient depuis un siècle, sous leur protectorat et leur propre couronne, à un but similaire. Alexandre prit donc le parti d'envoyer «préventivement» des troupes russes vers les frontières du grand-duché de Varsovie.

L'autre sujet de désaccord était évidemment le Blocus continental. Les «médiateurs» russes, chargés après Tilsit de négocier la paix franco-anglaise, avaient échoué, comme cela était prévisible, et la Russie avait été contrainte de mettre un terme à ses fructueuses relations commerciales avec les Britanniques, ce qui ruinait son économie. On était parvenu à contourner les exigences françaises grâce aux navires battant pavillon neutre, mais cette sorte de contrebande se révélait insuffisante, coûteuse et, par ailleurs, exaspérait Napoléon.

Dans ce contexte, le tsar avait pris une décision lourde de conséquences en laissant entrer en Russie les marchandises anglaises, «pourvu qu'elles ne fussent transportées directement de l'Angleterre». Il n'en fallait pas plus pour qu'éclate une guerre douanière franco-russe.

Le code douanier de Trianon, entériné par Napoléon en août 1810, avait instauré des taxes sur l'importation des denrées coloniales qui gagnaient jusqu'à la France. Mais cela avait eu pour effet de pénaliser lourdement, par ricochet, les pays exportateurs de matières premières, comme l'Allemagne du Nord-Est et surtout la Russie.

Alexandre promulgua donc à son tour, en décembre 1810, un nouveau «régime douanier» russe, fixant des droits élevés, voire prohibitifs, sur les produits de luxe (soieries, dentelles, etc.), le plus souvent exportés de France.

Formellement, c'était là une violation du traité de Tilsit.

Dans le même temps, le rattachement à la France des territoires d'Oldenbourg et la déposition de son beau-père furent perçus par le tsar comme une offense personnelle.

Désormais, l'antagonisme des deux « frères de Tilsit » n'allait cesser de croître, l'un se sentant – de bonne foi – outragé par le double refus d'une alliance familiale, l'autre s'estimant humilié – avec une rare mauvaise foi – par le choix de Napoléon de contracter mariage avec une Habsbourg.

Et tandis que Paris entendait bien réparer cet affront, Saint-Pétersbourg, de son côté, avait conçu le vague espoir de laver la « honte d'Austerlitz ». Le souvenir de cette cuisante défaite était, à vrai dire, d'autant plus pénible pour Alexandre qu'elle avait marqué le début de son règne, là où ses prédécesseurs, plus heureux, avaient compté toute une série de victoires.

Ce fut cet amoncellement de raisons géopolitiques, de dissensions, de griefs et de blessures intimes, et non le seul fait que la Russie ait rompu le Blocus – version qui fut avancée par la partie française pour rejeter sur son « allié » la responsabilité de l'agression –, qui amena bientôt les deux pays à s'engager dans une lutte farouche.

En tout état de cause, l'alliance franco-russe avait vécu ses dernières heures.

1812 : L'HEURE DE GLOIRE

Une campagne en Russie ? Pourquoi Napoléon s'était-il embarqué dans cette folle entreprise ? De quels moyens disposait-il d'ailleurs exactement ?

Certes, les considérations géopolitiques avaient primé sur tout le reste. Au mois de juin 1810, les Pays-Bas avaient été annexés à l'Empire napoléonien. En août, trois divisions françaises avaient été transportées du sud de l'Allemagne vers la mer Baltique et, un peu plus tard, Napoléon avait envoyé cinquante mille fusils à Varsovie et un régiment d'artillerie à Magdebourg, occupée par les Français.

Tous ces signaux semblaient annoncer une remise en cause de la souveraineté russe sur les territoires reçus par le traité de Tilsit et confirmer la volonté de domination de Napoléon sur le continent. Inquiet, Alexandre y voyait avant tout une conséquence néfaste de l'« alliance autrichienne » de l'Empereur.

Dès lors, pour le tsar, il devait y avoir un avant et un après 1812.

L'année 1812 fut un de ces moments cruciaux et décisifs de l'histoire de l'Europe.

Dans les premiers mois, Napoléon avait déclaré aux sénateurs :

« La guerre que je soutiens contre la Russie est une guerre politique ; je l'ai faite sans animosité. J'eusse voulu lui épargner les maux qu'elle-même s'est faits. J'aurais pu armer la plus grande partie de sa population contre elle-même en proclamant la libération des esclaves. Un grand nombre de villages me l'ont demandé ;

mais lorsque j'ai connu l'abrutissement de cette classe nombreuse du peuple russe, je me suis refusé à cette mesure qui aurait voué à la mort, à la dévastation et aux plus horribles supplices bien des familles... »

Le spectre du conflit entre les deux empires se profila donc sur l'horizon européen. Allaient suivre trois opérations majeures : Borodino (24-26 août), l'occupation de Moscou (2 septembre-7 octobre) et le passage de la Bérézina (14-17 novembre).

Dans la tactique d'Alexandre Ier, l'accent principal ne devait être mis ni sur l'attaque ni sur la défense, mais sur la résistance, à travers une stratégie de retraite. Cette inaccessibilité presque immobile prévoyait le sacrifice d'un grand nombre de villes et la ruine de leurs habitants, pour s'achever par l'abandon de Moscou. Les Russes ne devaient en aucun cas rechercher un affrontement d'envergure avec Napoléon à proximité de la ville sainte, et pas davantage après qu'elle fut tombée. Ainsi avait-on tout misé sur cette passivité proprement russe.

Au début du conflit, le tsar apparut désorienté, hésitant à céder aux avances de Napoléon. Le 14 septembre, le gouverneur de Moscou, Rostoptchine, l'informa de l'entrée des Français dans la ville désertée. Ébranlé, ne sachant quel parti prendre au milieu des avis contradictoires de ses officiers d'état-major, le tsar s'en remit finalement – et une fois de plus – à la décision de sa sœur, la grande-duchesse Catherine. Avec sa détermination légendaire, la *tsarevna* l'enjoignait de ne signer la paix à aucun prix :

> Moscou est prise... Il y a des choses inexplicables. N'oubliez pas ce que vous avez décidé. Pas de paix et vous aurez l'espoir de regagner votre honneur. Mon cher ami, pas de paix, même si vous vous trouviez à Kazan... Pas de paix !

LE KREMLIN BRÛLE !

En entrant au Kremlin, les Français s'étaient aperçus qu'ils ignoraient tout de l'empire des tsars. Ce pays énigmatique ne fonctionnait pas selon les usages auxquels ils avaient été habitués. Pour la première fois de leur vie, ils s'étaient emparés d'une ville où il ne subsistait pratiquement pas de vivres.

Tant qu'y avaient vécu des consommateurs – les propriétaires terriens et leur maisonnée –, la cité n'avait manqué de rien, les paysans y avaient apporté de la nourriture en abondance. Mais lorsque la classe possédante quitta Moscou, les occupants n'eurent plus rien à manger.

Si Napoléon avait songé à exploiter le ressentiment des serfs contre une oppression séculaire, les Russes, au contraire, allaient se résigner plus facilement à une lutte impitoyable après l'incendie et le pillage de Moscou. Tous, serfs ou nobles, allaient répéter comme un seul homme :

« Lève-toi, sainte Russie, défends-toi, défends notre religion, notre patrie, notre tsar ! »

Le 15 septembre 1812, Napoléon se coucha tôt. Certes, les informations étaient contradictoires, mais il avait quelques raisons d'être satisfait. Les rapports de ses espions confirmaient que la noblesse russe souhaitait désormais la paix.

Dans la nuit, une lumière éclatante envahit sa chambre, le réveillant en sursaut. L'Empereur sortit de son lit, s'approcha d'une fenêtre, puis d'une autre. Partout, le même spectacle : une lueur aveuglante, d'immenses tourbillons de flammes, des rues transformées en fleuves de feu, des bâtiments se consumant comme autant d'énormes bûchers. Moscou, pourtant presque déserte, était en proie à un gigantesque incendie !

Un vent de tempête soufflait sur le brasier, l'attisant et le poussant droit sur le Kremlin. Ses hurlements étaient si forts qu'ils couvraient par moments le fracas des maisons qui s'écroulaient.

Si les flammes progressaient vers les remparts, réalisa l'Empereur, c'était la mort assurée pour lui, sa suite et son état-major, car le dépôt de poudre abandonné par les Russes ne manquerait pas d'exploser.

Napoléon, atterré, se perdait en conjectures. Qui avait osé déclencher un tel désastre ? Le tsar Alexandre, prostré dans les glaces et les dorures de son palais de Saint-Pétersbourg ? Koutouzov, le vieux général borgne, commandant suprême des forces russes ?

Depuis cette catastrophe, les services secrets russes et français sont au centre d'une controverse historique. À l'époque, l'état-major russe accusa en effet les espions français, qui agissaient sous la houlette du marquis de Chambray, d'avoir hâté la destruction de Moscou. Plus prudent, Léon Tolstoï prétendit plus tard dans *Guerre et Paix* que l'incendie avait été le fait de milliers de soldats maraudeurs qui, pour s'éclairer dans les maisons qu'ils pillaient, y pénétraient avec des torches de fortune.

Les historiens français, quant à eux, accusèrent nommément le comte Rostoptchine, gouverneur général de Moscou, ancien favori et ministre des Affaires étrangères de Paul Ier. L'homme était énergique, belliqueux, spirituel et un rien fanfaron. Tour à tour violemment francophobe au début du règne précédent, puis converti par les charmes d'une Française – Mme de Bonneuil –, voilà qu'il s'affirmait de nouveau frénétiquement antinapoléonien. Il avait juré à ses concitoyens que « ce scélérat » n'entrerait jamais dans leur antique cité, aussi avait-il ressenti comme une injure personnelle la présence de la Grande Armée au Kremlin. Rostoptchine revendiqua d'abord l'opération, puis, craignant des réactions hostiles, en vint à soutenir que des soldats ennemis ou des maraudeurs avaient provoqué l'embrasement en allumant n'importe comment des feux dans des maisons en bois. Mais si le comte avait bel et bien projeté l'incendie de Moscou, avait-il pris seul cette terrible décision ?

Pour le chef des volontaires, Glinka, célèbre organisateur de la résistance, c'était au contraire la Providence qui avait mis la main au bûcher ! Aux yeux de la majorité des Russes, l'incendie de Moscou devint donc le feu de Dieu, le feu venu du ciel pour purifier la ville. Car, disait-on, là où dans les palais avaient jadis existé des joies temporelles, des fleuves de feu devaient couler et consumer la vanité des hommes.

Bientôt, une des tours du Kremlin s'enflamma.

Quel contraste, songeait Napoléon, entre cette cité de l'enfer et celle qui, quelques heures auparavant, avait offert à sa contemplation, du sommet d'une colline voisine, sa mosaïque de palais roses, d'édifices azur et blancs, de coupoles, de flèches, de tours, de clochers, de dômes bleus, dorés, laiteux, violets, comme posés sur une prairie immense, tant les parcs et les vastes jardins abondaient dans Moscou.

Au matin du sixième jour, le brasier avait réduit à néant les trois quarts des maisons, les neuf dixièmes des magasins et la moitié des églises[1].

Mais alors que la terrible nouvelle de la destruction du berceau de la civilisation orthodoxe avait jeté Alexandre dans la plus grande affliction, l'incendie de l'antique capitale avait aussi « illuminé [son] âme ». Un coup décisif venait en effet d'être porté à son adversaire dont les troupes ne pourraient passer l'hiver dans les décombres sans ravitaillement. L'heure de la retraite avait sonné pour la Grande Armée.

La campagne de Russie avait duré six mois. Napoléon, durant ce laps de temps, avait atteint le Niémen et Moscou, puis était revenu sur ses pas, perdant progressivement son armée face au

1. On a recensé que 6 496 maisons sur 9 257 avaient été entièrement consumées.

prince Koutouzov[1] et subissant la défaite la plus désastreuse de toute sa carrière militaire.

Sans but précis, escomptant contraindre le tsar à signer la paix, l'Empereur avait perdu la lutte qui devait lui assurer l'hégémonie en Europe. La Grande Armée, décomposée, balayée, n'était plus que débris. La Russie, tout entière massée derrière son souverain, avait fièrement repoussé l'invasion.

À Paris, on mit un certain temps à comprendre pleinement le désastre et à réaliser que près de deux cent mille Français avaient péri dans le désert de glace russe. Une réaction timide s'amorça, mais la soif de revanche finit par avoir le dessus. On releva bientôt, sur les murs de la ville, des inscriptions du genre de celle de la colonne Vendôme :

> Tyran juché sur cette échasse,
> Si le sang que tu fis verser
> Pouvait tenir dans cette place,
> Tu le boirais sans te baisser.

Néanmoins, l'humeur générale demeurait favorable à l'Empereur. George Sand évoqua à ce propos ses souvenirs de petite fille :

> On suçait avec le lait à cette époque l'orgueil de la victoire. Naître Français, c'était une illustration, un titre. L'aigle était le blason de la nation tout entière.

Aussi, lorsqu'on apprit que le « barbare du Nord » voulait continuer de faire la guerre à la France, on releva fièrement la tête : eh bien, tant pis pour lui, la France saurait lui répondre !

Le premier vainqueur était naturellement le tsar Alexandre. Pourtant, après l'entrée des Français dans Moscou, certains cercles de la cour pétersbourgeoise n'avaient plus rêvé que d'une chose : la paix. L'impératrice douairière, le grand-duc Constantin, frère du tsar, s'étaient également rangés à cet avis. Mais Alexandre n'avait pas voulu en entendre parler. Il fallait poursuivre la guerre jusqu'à la victoire « complète et absolue ».

---

1. Ce dernier avait esquivé tout combat frontal et avait, par la ruse, réduit l'adversaire à emprunter des itinéraires choisis.

Quelles avaient été les raisons de son triomphe ?

Le plus grand des hommes de lettres du pays, Pouchkine, récapitula laconiquement les trois principales évoquées par les témoins du conflit pour expliquer la débâcle napoléonienne :

- le plan du prince Barclay de Tolly, commandant en chef des armées russes au début de la campagne, lequel affirmait haut et clair qu'il voulait « éviter la bataille décisive, emmenant Napoléon dans l'immensité des neiges » ;

- le froid, privant l'envahisseur non préparé de ses forces vitales ;

- et surtout « le Dieu russe, protecteur de la Russie, sauvant le pays »…

Mais les contemporains avaient retenu, comme facteur autrement crucial, la flambée de patriotisme qui avait soudé le peuple, toutes classes confondues, face à l'armée étrangère – un phénomène que les historiens, si l'on en croit Léon Tolstoï dans *Guerre et Paix*, allaient placer au premier plan.

LE SEUIL FATIDIQUE

L'arrivée des troupes impériales aux frontières du grand-duché de Varsovie, en décembre 1812, fut marquée par la publication du « manifeste de la victoire » annonçant que Napoléon avait été chassé de Russie.

Une semaine auparavant, le commandant du corps prussien de la Grande Armée avait engagé des pourparlers secrets avec les représentants d'Alexandre Ier. Le 30 décembre, un accord fut signé à Tauroggen : le corps prussien proclama sa neutralité et cessa de se battre aux côtés des Français. Par la suite, un traité d'alliance fut conclu entre la Russie et la Prusse.

Quelques mois plus tard, l'Autriche déclara à son tour la guerre à la France, ralliant ainsi la coalition contre Napoléon. Puis la Suède, où l'héritier du trône était un Français, le maréchal Bernadotte, en devint le quatrième membre.

L'année 1812 marqua donc véritablement de son sceau le règne d'Alexandre : elle forma une ligne de partage entre deux périodes, ouvrant la voie vers les sommets de la civilisation russe, vers Pouchkine et Gogol, et, à travers eux, vers Tolstoï et Dostoïevski.

Mais elle revêtit une importance symbolique pour d'autres raisons encore. Les contradictions de la société russe étaient alors frappantes. Les différentes couches sociales ne se côtoyaient pas, chacune maintenant ses traditions culturelles, ses us et coutumes. À cela s'ajoutait un conflit de générations entre les « vieillards » de l'époque de Catherine II et la jeunesse du temps, ambitieuse et européanisée. En 1812 cependant, ces contrastes, ces antagonismes furent temporairement oubliés en faveur de l'union nationale, de la même façon que s'était produit, au XVIIe siècle, l'avènement « miraculeux » de la dynastie des Romanov dans le contexte des désordres du « temps des troubles ».

Cette année-là, enfin, connut un renouveau spirituel. Alexandre Ier, de par sa charge, était aussi le souverain de l'État orthodoxe, le chef des armées chrétiennes, le père d'un peuple à l'esprit patriarcal. À l'époque, le meilleur ami du tsar et très influent haut procureur du Très Saint Synode, le prince Alexandre Golitsyne, un temps bouillant admirateur des encyclopédistes, se découvrit une nouvelle foi. En étudiant le Nouveau Testament, ce personnage singulier se sentit inspiré par la vie et l'enseignement du Christ, et persuada l'empereur de toutes les Russies de fonder sur les Évangiles son action politique pratique. Le tsar, pourtant si marqué par le siècle des Lumières, se rallia à cette vision, et la lutte contre l'« Antéchrist » Napoléon, cet « ennemi du genre humain », se transforma ainsi en mission spirituelle pour « sauver l'humanité ».

Alors qu'il était parti rejoindre l'armée en campagne au printemps, l'empereur Alexandre avait assisté au *Te deum* dans la cathédrale Notre-Dame-de-Kazan[1] de Saint-Pétersbourg. On y avait lu naturellement le Psaume 90, qui était toujours évoqué lorsque survenait une menace extérieure ou intérieure :

> Celui qui habite dans la retraite du Tout-Puissant...

À ces paroles, Alexandre avait tressailli : c'était précisément sur le texte de ce psaume que s'était ouverte, la veille, la Bible qui lui était par mégarde tombée des mains.

Quelque temps plus tard, alors qu'il se trouvait déjà auprès de son armée, il avait demandé à un proche de lire un passage de son choix de l'Écriture. Et celui-ci, respectant le canon de l'Église, avait de nouveau choisi le Psaume 90. Pour le tsar, c'était là, définitivement, un signe de la Providence.

1. Consacrée en 1811.

En décembre 1812 – juste après la bataille de la Bérézina –, une rude discussion avait eu lieu entre Alexandre et son commandant en chef Koutouzov, qui avait porté non seulement sur des questions purement militaires, politiques et économiques, mais également sur des problèmes métaphysiques. Le vieux maréchal, fidèle à sa philosophie patriarcale, avait alors considéré que la tâche de l'armée russe était totalement accomplie.

Mais le tsar voyait les choses bien autrement. Le message chrétien s'était révélé à lui dans toute sa profondeur durant les jours tragiques du début de l'automne 1812. Désormais, ce n'était ni la liberté, ni l'*Encyclopédie,* ni même Montesquieu qui allait constituer la base idéale de ses projets politiques, mais la foi, l'Évangile et la Croix !

Et Alexandre se prit à rêver de « libérer l'Europe ». On reprocha au tsar de vouloir sacrifier les intérêts de son propre pays en souhaitant aider les États d'Europe occidentale, ses ennemis d'hier et de demain. On l'accusa d'être vaniteux en cherchant à rivaliser de superbe avec Napoléon : l'empereur des Français avait été à Moscou, lui serait à Paris.

Cependant, sa volonté de poursuivre la guerre en la transportant hors des frontières de son empire était aussi le fruit d'une réflexion froide et parfaitement lucide. Alexandre considérait à présent la France napoléonienne comme l'ennemie irréconciliable de la Russie. Certes, la Grande Armée avait été vaincue, mais non anéantie, et l'encadrement des troupes françaises, qui, lui, était sorti indemne de la retraite, deviendrait inévitablement le noyau d'une nouvelle armée grâce à laquelle Napoléon pourrait « renaître comme un Phénix »...

Mais ces considérations géopolitiques pertinentes se combinaient, comme toujours chez Alexandre Ier, avec de doux rêves de « bonheur universel ». Ainsi affirmait-il haut et clair :

> En donnant à chaque peuple la pleine et entière jouissance de ses propres institutions, placée sous la protection de l'union commune, nous préserver contre des ambitions aberrantes, tels sont les

fondements sur lesquels nous espérons, avec l'aide de Dieu, ériger ce nouveau système.

Tels étaient donc les plans du tsar pour l'Europe.

À dire vrai, son « système » ne se distinguait pas tellement du programme de liquidation des frontières et d'instauration d'un espace universel prôné par Napoléon. Or, il n'y avait pas de place pour « deux bienfaiteurs »... Alexandre reconnaissait d'ailleurs lui-même : « [Ce sera] Napoléon ou moi. »

Dès 1813, les Français de l'entourage du tsar établis en Russie avaient travaillé au profit de la dynastie déchue. Et tandis que ses armées marchaient sur Paris, Alexandre entendait partout se poser la même question : les Bourbons reprendraient-ils possession de la France délivrée par ses armes ?

En janvier 1814, à Langres, il eut un entretien à ce sujet avec le général Reynier :

« Blücher sera à Paris avant vous, dit-il. Napoléon m'a humilié, je l'humilierai. Je veux si peu la guerre à la France que, s'il était tué, je m'arrêterais aussitôt.

– C'est donc pour les Bourbons ?

– Je n'y tiens nullement. Choisissez un chef parmi vous, nous sommes prêts à l'accepter. »

Et il laissa pressentir que le meilleur choix à ses yeux serait Bernadotte.

Le rêve d'Alexandre était de confier aux assemblées primaires l'élection d'une Convention dont son ancien précepteur, La Harpe, aurait dirigé de loin les débats en vue de former un gouvernement à la France.

« Le droit divin, avait-il dit sans ambages à Louis XVIII, n'est plus une force pour la France. Ayez égard à l'effort qu'a fait le Sénat en rappelant votre maison. Pourquoi refuser au peuple un serment et une cocarde ? »

Surprenants propos dans la bouche d'un tsar pas comme les autres !

PARIS, ENTRE TRIOMPHE ET CERCLES MYSTIQUES

Le 31 mars 1814 (NS), Alexandre Ier et ses alliés entrèrent dans la capitale française par la porte de Pantin, à la tête de quatre-vingt mille soldats.

Apercevant à terre la statue de Napoléon, le tsar se contenta de dire :

« Si j'avais été placé aussi haut, j'aurais craint que la tête ne me tournât. »

Ce jour-là, Paris s'éveilla fébrile. De la barrière de la Villette à la Madeleine, une foule compacte jalonnait le parcours délimité par un rang de sergents de ville. Des hommes et des femmes aux sentiments partagés, juchés sur des bancs, des bornes et même sur les impériales des voitures, attendaient le défilé des troupes alliées. Vers midi enfin, les roulements des tambours se rapprochèrent.

Les Russes, en uniforme vert et shako à plumets blancs, paradaient en tête. Par ordre du tsar, ils portaient en signe d'amitié une écharpe blanche nouée au bras gauche et un rameau vert à la boutonnière.

À Paris, Alexandre allait se révéler un autre homme, un vrai mystique.

Désormais, il croyait non plus seulement en Dieu, mais en son Évangile, en sa Providence dont il suivait et interprétait avec anxiété les manifestations en ce monde. Après avoir consulté en France le célèbre prédicateur de l'époque, Lenormant, il rencontra à Heidelberg, en 1815, Mme de Krüdener.

Cette séduisante voyante ouvrit à ses yeux des horizons qui jusque-là étaient demeurés fermés. Après les Cent-Jours, elle partit pour Paris, répandant en chemin ses consolations et ses secours sur les victimes de la récente invasion. Le tsar reprit avec elle les entretiens mystiques commencés en Allemagne, et elle attira rapidement à ses assemblées religieuses des personnalités des camps les plus divers[1].

Elle apparut comme une reine pénitente à la cérémonie triomphale et religieuse qui réunit l'armée russe au camp de Vertus, et la Sainte-Alliance fut bientôt conclue selon ses vœux. Cette coalition des monarques européens vainqueurs de Napoléon ne lui semblait nullement incompatible avec une union mystique entre la Russie et la France relevée de ses ruines.

Son influence singulière, née dans le milieu le plus cultivé de l'univers, ne dura guère plus que le séjour d'Alexandre Ier à Paris en 1815. Plus tard, Mme de Krüdener reparut en Russie, mais le charme était rompu. Elle n'avait, de surcroît, pas accès au palais. Toujours convaincue de sa mission « religieuse », la baronne voulut cependant à tout prix revoir l'empereur. De retour à Saint-Pétersbourg[2] six ans après ses fameuses soirées parisiennes, elle s'installa dans une grande maison de maître, à la périphérie de la capitale, loin du faste des palais impériaux.

Mais contrairement à ses espoirs, Julie de Krüdener ne parvint pas à rétablir l'atmosphère d'autrefois. Physiquement diminué, Alexandre se trouvait alors sous l'emprise d'un confident brutal, le général Araktcheïev, qui ne la laissa guère approcher. Suprême humiliation, le tsar la fit exiler en 1822 en raison de son activisme, jugé exagéré, en faveur de la révolte en Grèce.

---

1. Chateaubriand, Benjamin Constant, l'abbé Grégoire, Bergasse, Mmes de Duras et Récamier, comptèrent parmi ses adeptes.

2. Cette aristocrate d'origine balte y avait passé sa jeunesse, à la fin du XVIIIe siècle.

L'ERMITE

Le 8 septembre 1817, au cours d'un voyage à travers la Russie, Alexandre dînait aux côtés de son aide de camp, lorsqu'il lui confia inopinément, mais avec une fermeté inhabituelle et en français :

« Quand un homme a l'honneur d'être à la tête d'une nation comme la nôtre, il doit, au moment du danger, être le premier à l'affronter. Mais il ne doit rester à sa place qu'aussi longtemps que ses forces le lui permettent. Passé ce temps, il faut qu'il se retire. Quant à moi, poursuivit-il, je me porte bien à présent, mais dans dix ou quinze ans, alors... »

Plus que jamais rongé par son passé, le tsar s'interrogeait également sur un avenir qui lui paraissait incertain. À ses proches, il ne cessait de parler de son désir d'abandonner toutes ses charges et de s'établir à l'écart du monde. La vie spirituelle lui semblait le meilleur moyen d'échapper à ses tourments.

Le 20 octobre 1825, Alexandre partit en voyage pour la Crimée, afin de s'éloigner de l'ambiance décadente de la capitale. Il y fit l'acquisition d'une propriété où il envisageait de se retirer bientôt pour vivre comme un simple mortel. Mais le 27, il prit froid. Rentré à Taganrog, petite ville de la Russie méridionale où l'attendait l'impératrice, il s'alita pour ne jamais plus se relever. Le 18 novembre, il sombra dans un semi-coma et expira le lendemain, sans être revenu à lui. Très vite, la rumeur se répandit dans tout l'Empire que le tsar n'était pas mort, mais avait renoncé au monde.

Une grande confusion avait entouré les derniers instants de l'empereur, et le transport de son corps à Saint-Pétersbourg puis à Moscou fut probablement responsable de la légende qui accompagna sa disparition. Avait-il effectivement succombé à Taganrog en 1825 ou avait-il réalisé son rêve de fuir le monde temporel pour se faire ermite en Sibérie ?

Tandis qu'Alexandre luttait contre la fièvre, un accident avait coûté la vie à l'un de ses aides de camp. Son cadavre aurait très bien pu, avec la complicité de quelque proche, être inhumé sous le nom du tsar pour permettre au souverain mystique de fuir vers son ermitage. Le fait que le peuple se soit vu interdire de défiler devant le corps placé dans la cathédrale de l'Archange-Saint-Michel au Kremlin et que l'impératrice douairière ait eu du mal à reconnaître son fils plaida également en faveur de cette hypothèse.

Cela ne fut-il pour autant qu'un mythe savamment entretenu ?

Quelle qu'ait été la réponse, le comportement de l'ermite sibérien Fedor Kouzmitch allait corroborer les dires de ceux qui ne doutèrent jamais de ses origines.

Dix ans après la mort d'Alexandre, durant l'automne 1836, dans la région de Perm en Sibérie occidentale, des paysans aperçurent deux taches blanches à la lisière d'une forêt. Peu à peu, ils distinguèrent la silhouette altière d'un homme à la barbe blanche chevauchant une monture à la robe gris clair. Le maréchal-ferrant, intrigué par l'allure inaccoutumée de l'individu qui lui demandait de s'occuper des sabots de son cheval, alla aussitôt faire son rapport à la police. Refusant de répondre aux questions des gendarmes, l'homme déclara simplement s'appeler Fedor Kouzmitch et n'avoir ni amis ni famille. Il fut alors envoyé au fin fond de la province.

Loin de toute civilisation, il s'installa dans une masure. Bientôt, un nombre croissant de visiteurs se rendirent jusqu'à sa retraite. Les paysans du voisinage prétendirent que des princes et d'autres personnages illustres venaient de loin pour voir l'ermite. Plus audacieux que les autres, un villageois entra chez Kouzmitch et découvrit que des tableaux magnifiques ornaient les murs. Un autre jour, des visiteurs, pris de pitié devant la vétusté des lieux, lui proposèrent de réparer sa fenêtre. Face à son refus, ils insistèrent. Fedor se mit en colère :

« Si vous saviez qui je suis, s'exclama-t-il, vous ne vous permettriez jamais une telle insistance ! »

Préférant sa pieuse solitude au contact des hommes, l'ermite finit par s'opposer à toute visite. À sa mort, il fut enterré dans le cimetière local, mais sa tombe devint l'objet d'un tel culte que les autorités décidèrent de l'inhumer dans une chapelle. Y afflua bientôt une foule de pèlerins, convaincus que cet homme était leur tsar Alexandre, trop tôt disparu.

Les années ont passé, mais le nom de Fedor Kouzmitch est toujours vivant dans les récits sibériens, et son tombeau demeure un lieu privilégié de pèlerinage…

NICOLAS Ier, LE TSAR DE FER

Le 14 décembre 1825 est une date mémorable pour les Russes. Ce jour-là, un groupe d'officiers tenta un coup d'État à Saint-Pétersbourg. Les racines de cette révolte remontaient au temps où les cosaques campaient sur les Champs-Élysées, lorsque les plus distingués des officiers russes avaient fait connaissance avec les idées de la Révolution française. Leur programme était noble : ils voulaient abolir le servage et faire progresser la Russie sur la voie de la libéralisation.

Mais ce coup de force n'avait guère été préparé.

Durant près de cinq heures, les soldats, en carré, attendirent une décision des officiers conspirateurs, qui ne savaient eux-mêmes que faire. Le froid gagna, la température descendit jusqu'à -8 °C.

Les complots de la garde impériale russe du siècle précédent avaient eu pour particularité que les souverains renversés n'avaient pas résisté. Attaqués par surprise, ils y avaient perdu le pouvoir et, le plus souvent, la vie.

Mais le nouveau tsar désigné, Nicolas Ier, était déterminé à ne pas se laisser faire.

La nuit commençait à tomber. Sans cesser de parlementer avec les rebelles, Nicolas réunit des forces et envoya chercher l'artillerie. Après quelques salves de mitraille tirées sur le carré figé, les soldats se mirent à s'égailler, abandonnant tués et blessés. Ainsi fut matée la révolte.

La répression allait être impitoyable. Cinq des insurgés furent pendus, des centaines furent expédiés en Sibérie et la société, longtemps complice des idées libérales, s'effaça, trahissant sans état d'âme ceux qui hier encore étaient considérés comme les meilleurs et les plus nobles représentants de l'aristocratie russe. Seules quelques femmes, dont plusieurs d'origine française, restèrent fidèles à leurs compagnons en détresse et vinrent les réconforter jusque dans les bagnes de Sibérie. Parmi elles, Catherine Troubetskoï, née Laval, fille de cet émigré français devenu chambellan du tsar, Jean Charles François de Laval de la Louberie.

À l'époque s'opérait entre la France et la Russie d'importants échanges d'idées. Des Français de toutes conditions, depuis le précepteur besogneux jusqu'à l'aristocrate chaudement recommandé, s'orientaient désormais vers ce grand pays mystérieux pour y chercher le succès, la fortune, des impressions neuves, des sujets de conversation. Les uns, comme Balzac ou Custine, crurent trouver dans le régime tsariste des vertus politiques, d'autres vinrent en Russie chasser, peindre, donner des concerts, étudier la littérature et les mœurs.

Cinq semaines de diligence séparaient Paris de Moscou ; trois frontières, la française, la suisse, l'allemande, devaient être franchies en dix étapes. L'attirance culturelle était incontestable entre les deux nations.

Les années de controverse et même la guerre de 1812 semblaient occultées dans le subconscient des deux peuples. Ces événements dramatiques avaient pourtant profondément marqué le nouveau tsar. Résolu à défendre l'autocratie, il allait combattre toute tentative de changement et marquer profondément, durant trois décennies[1], la vie de Saint-Pétersbourg.

Militaire dans l'âme, Nicolas Ier imposa une discipline de fer et créa une police politique chargée de contrôler étroitement la population.

Sa principale préoccupation était d'éliminer toute possibilité de contamination des idées subversives de l'Occident, portées par la Révolution française, par une surveillance permanente de la

1. De 1825 à 1855.

pensée dans toutes les couches de la société : censure, interdiction de voyager à l'étranger sans l'autorisation personnelle de l'empereur, russification intense par la langue et la religion, codification des lois existantes excluant toute réforme, extension de l'influence slavophile. Une véritable fermeture du pays à l'Occident, qui se durcit après les journées de juillet 1830 en France et, surtout, après les révolutions de 1848 en Europe. Ce resserrement du nationalisme russe stoppa net l'évolution amorcée au XVIIIe siècle par Pierre le Grand, qui visait à un rapprochement avec l'Europe.

Face à cette politique rigide, les idées et les mouvements d'opinion avancés firent malgré tout leur chemin, s'accrochant à toutes les villes importantes de l'Empire et glissant, tel un ruisseau de rébellion, jusque dans les plus paisibles bourgades de l'intérieur.

Lorsque, en 1855, le jeune tsar Alexandre II succéda à Nicolas Ier, l'autocrate intouchable, il se mit à circuler comme une brise d'été, un courant d'espérance.

Le nouveau souverain se savait sympathique, il aimait à séduire. Un rien de romanesque accompagnait ses démarches. Entouré de ministres intelligents qui comprenaient la marche de l'Europe vers d'autres destins que ceux de l'autocratie, de la monarchie absolue, Alexandre II nota avec une intelligence remarquable que la Russie avait pris un retard considérable sur les autres nations en perpétuant ses mœurs démodées, débordées par l'inexorable marche du temps.

Ce que le tsar, noble d'âme et de manières, obtint de son pouvoir et de son environnement direct, la libération des serfs, se fit durant l'année 1861. La terrible censure qui avait muselé la presse naissante, les directives d'opinion données à toutes les universités furent abolies. Une détente fleurit aussitôt comme un printemps à Saint-Pétersbourg.

Un esprit nouveau, d'abord timidement, puis avec une ampleur quasi incontrôlable, souffla partout. Les cicatrices, les reproches, la véhémence de certains fanatiques s'effacèrent. Des ministres prévoyants poussaient chaque année le tsar à en faire davantage. Mais ils avaient compté sans la révolte de la classe possédante, les nombreux châtelains de toutes les provinces, les nombreux propriétaires agricoles, qui vivaient dans un très grand luxe en exploitant, avec la meilleure conscience possible, l'immense majorité des paysans.

Avec la liberté d'expression croissante accordée à la classe « réfléchie », le milieu des étudiants, les libéraux furent vite débordés par une nouvelle race d'hommes. Cette jeunesse, déjà conduite à l'époque par des « initiés » de l'art révolutionnaire, semait partout les ferments d'une amertume qui, chaque jour, augmentait. On formait dans toutes les universités, les collèges, et jusque dans les plus modestes écoles, des groupes radicaux persuadés que seul le démantèlement total de la Russie pouvait sauver les Russes d'un régime, d'une société dépassés. On allait jusqu'à affirmer que « seul » le sang pourrait purifier l'antique terre de toute la pourriture amassée par la cruauté des tyrans du passé.

Des convulsions à l'abîme

ALEXANDRE II :
LE SECRET DU TSAR LIBÉRATEUR

En cette année 1865, la semaine précédant Noël fut tout entière consacrée à la bonne chère, aux festins, aux plaisirs. L'horizon était dégagé à perte de vue, avec un ciel léger, vaste, si profond.

Les familles, parées comme aux jours les plus solennels, se dirigèrent vers le centre de la capitale, à gauche de la Neva, là où se réunissaient les illusionnistes, les baladins, les danseurs de corde, les marchands de toutes sortes, là où chacun pouvait s'amuser des roues de moulins et des jeux d'escarpolette.

Le fleuve étant gelé à un mètre cinquante de profondeur, les habitants établirent le théâtre de leurs divertissements en face de l'Institut Smolny. À ce rendez-vous du patinage sur la glace la plus épaisse et la plus sûre, le peuple se rendait à pied ou en traîneau, les riches et les gens de la Cour dans les plus beaux équipages. Les grands de l'Empire se mêlaient à la foule en toute simplicité ; l'impératrice et les grandes-duchesses dans leur carrosse de gala, l'empereur, à cheval.

Au milieu des rires et d'une complicité bon enfant, on pouvait admirer les chorégraphies d'hiver, souvent sources de rencontres inattendues, de regards échangés, de joues en feu sous un froid qui fouettait tous les sangs.

Mais ce qui faisait le principal amusement de la journée et attirait assurément tout le monde, c'étaient ces montagnes de glace du haut desquelles les couples s'élançaient sur une pente rapide, assis sur d'élégantes glissoires. L'impulsion donnée par la déclivité était si forte qu'une fois arrivés en bas la luge et ses passagers pouvaient se promener un bon quart d'heure sur leur lancée, dans une arène glacée autour de laquelle badinaient des garçons et des jeunes filles vêtus à la russe, avec manchons, pelisses et bottes fourrées.

Malgré ce temps de réjouissances sur la Neva, le tsar semblait quelque peu distrait, mélancolique. Il se rendait comme chaque année à l'Institut Smolny, en compagnie de son épouse.

Alexandre II régnait sur son immense empire depuis 1855. Élevé pour la place qu'il devait occuper à la tête de la Russie, il avait été nommé général major à dix-huit ans. À vingt et un ans, ce beau garçon était entré au Conseil d'État. L'année suivante, il avait été prié de prendre part aux réunions des ministres.

Une seule fois il ne s'était pas conduit en héritier du trône quand, à l'âge de vingt ans, alors qu'il assistait à une représentation théâtrale, il avait eu le coup de foudre pour une jeune fille. Il avait aussitôt proclamé qu'il avait trouvé son épouse et qu'il n'en voulait point d'autre. Cela avait fait jaser tout Saint-Pétersbourg, car cette petite princesse de Hesse, âgée de quinze ans, était le fruit des amours parallèles de sa mère avec le chambellan de la Cour, le comte Grancy. Comment une bâtarde aurait-elle pu prétendre se faire un jour couronner impératrice ? Le tsar Nicolas Ier, père du prétendant, avait cependant mis fin à toute polémique en décrétant :

« Cette jeune personne n'est pas une bâtarde pour la seule raison que moi, l'autocrate, je décide qu'elle ne l'est pas. »

Il s'était contenté de noter qu'il ne serait pas moins accommodant que le prince de Hesse. Or, celui-ci tenait parfaitement son rôle de père légitime.

Le mariage d'Alexandre et de la petite princesse[1] fut donc célébré le 16 avril 1841.

Au début, le jeune couple impérial vécut un parfait amour. Mais les grossesses successives et la dureté du climat pétersbourgeois

1. Qui devint la grande-duchesse Maria Alexandrovna.

épuisèrent rapidement la jeune femme. Une demoiselle de la Cour nota à ce propos :

> Elle sera peut-être sainte, mais ne sera jamais une grande souveraine. Sa sphère, c'est le monde moral[1].

La demoiselle n'était pas plus aimable pour le nouvel empereur :

> [C'est] le meilleur des hommes. Ce serait un magnifique souverain dans un pays bien organisé et en temps de paix, où il suffirait de conserver. Mais il lui manque le tempérament du réformateur.

Le jugement, psychologiquement vrai, ne manquait pas de perspicacité historique. La suite du propos était d'ailleurs prémonitoire :

> Ils [l'empereur et sa femme] sont trop bons, trop purs pour comprendre les gens et les gouverner. Il leur manque cette puissance de rafale qui permet de dominer les événements. [...] Je leur vois un avenir malheureux et sombre.

L'avenir s'assombrit en effet pour le couple en 1865, avec la mort de leur fils aîné. Puis on proscrivit pour raison médicale toute activité sexuelle à l'impératrice, et le tsar fut contraint de renoncer, à quarante-sept ans, à son amour de jeunesse. Même si sa démarche restait alerte et légère, modeste mais sans timidité, désormais l'expression de son regard était triste.

Cela fut-il l'influence des mécontentements s'accumulant dans l'Empire ou, plus simplement, les malheurs d'un homme comme les autres qui le poussèrent à murmurer cette phrase laconique qui pourtant en disait long : « Tsar. Quel curieux destin. Tout posséder et ne rien avoir... » ?

Dominant un méandre de la Neva, l'Institut Smolny abritait le pensionnat des jeunes filles de la noblesse russe. Conçus par l'Italien Giacomo Quarenghi, les bâtiments contrastaient, par la grande sobriété de leurs formes, avec la collégiale de la Résurrection voisine, œuvre de Rastrelli, dont la façade polychrome bleu, blanc et

---

1. *In Les Mémoires de Tioutcheva*, Saint-Pétersbourg, 1903, ainsi que les citations suivantes.

or constituait un exemple grandiose d'architecture baroque russe. Un vaste espace libre mettait en valeur cet édifice aux lignes hardies et altières. La façade s'étendait sur plus de deux cents mètres, les bâtiments latéraux formant une cour d'honneur, et le tout ne manquait pas de noble austérité. Finalement, les deux édifices faisaient bon ménage et composaient un ensemble dont toute l'originalité résidait dans la brutalité du contraste autant que dans sa majesté.

Parmi les élèves de l'Institut Smolny, Catherine Dolgorouki et sa sœur cadette attiraient tous les regards. La blondeur délicate de la benjamine était certes remarquable, mais elle n'égalait pas le teint d'ivoire et la magnifique chevelure de son aînée. La joie de vivre et la grâce de Catherine la distinguaient en outre dans cette famille de huit enfants, dont l'un des ancêtres, le glorieux prince Iouri Dolgorouki, avait été le fondateur de Moscou.

Leur père ayant été ruiné, la jeune fille et ses sœurs étaient élevées aux frais de l'empereur.

Comme on peut l'imaginer, la visite annuelle du couple impérial dans chacune des classes de l'Institut était un événement. Il s'agissait de ne pas commettre d'impairs avec le protocole et de ne pas répondre par des bévues aux questions que le souverain pourrait poser aux élèves. Ce fut en pensant à ces dérapages toujours possibles que la surveillante convoqua Catherine et lui tint ce langage :

« Ma petite fille, ce jour est un jour très important et je compte sur votre bonne conduite. Tâchez d'éviter les rires et l'agitation qui vous caractérisent. Et surtout, disciplinez votre chevelure trop flamboyante. N'oubliez pas que vous êtes une petite fille. »

Le feu aux joues, l'élève baissa la tête comme si elle allait pleurer, puis releva les yeux en protestant d'un air boudeur :

« Mais, mademoiselle, je suis presque une femme ! »

À l'heure du thé, la surveillante rapporta cette petite anecdote au couple impérial.

« Comment s'appelle-t-elle ?, s'enquit le tsar.

– Dolgorouki, répondit la vieille demoiselle.

– Ah ! C'est donc l'une de mes pupilles. Pouvons-nous la voir maintenant ? »

La jeune Catherine Dolgorouki fut introduite dans le salon d'apparat.

Elle sera notre meilleur guide pour comprendre le destin du tsar Alexandre II. Mais revenons à notre récit, à leur première rencontre à l'Institut Smolny.

Avec une grâce joyeuse, elle s'inclina devant le couple impérial, tandis que l'empereur songeait :

« C'est vrai, elle est presque une femme. »

Ainsi commença, par cette belle journée, l'une des plus grandes histoires d'amour du roman des tsars. Le monde entier allait connaître la jeune fille grâce au célèbre film *Katia*, dans lequel Danielle Darrieux tient le rôle principal, sans oublier la merveilleuse Romy Schneider…

S'il ne laissa rien paraître, Alexandre garda en lui l'évocation de ces yeux en amande et de ce sourire enjôleur, de ce mélange d'éducation et de liberté.

Les mois avaient passé. Catherine avait maintenant dix-huit ans. Elle avait quitté l'Institut et s'était installée chez son frère, au centre de Saint-Pétersbourg, quand elle croisa l'empereur au détour d'une allée du jardin d'Été.

Tous deux se reconnurent et engagèrent la conversation. Une de ces conversations des débuts d'un amour, où les mots ne servent qu'à gagner du temps en faveur des regards qui s'éternisent.

Ce soir-là, Catherine ne parvint guère à s'endormir et le crépuscule accompagna sa réflexion[1]. Serait-ce folie de donner son âme à un astre, à une étoile ? Pourquoi, au fond, voudrait-il l'aimer ? Curieusement, la jeune fille ne semblait pas se formaliser que celui dont elle rêvait fût marié, encore moins qu'il ait trente ans de plus qu'elle. Ce qui la gênait, c'était qu'Alexandre fût aussi le tsar !

Mais si l'on pouvait résister au tsar, pouvait-on résister à la Providence ?

1. Elle fixa tout dans son journal intime.

Ce débat intérieur dura quelques mois. Puis au soir du 1er juillet, dans l'atmosphère délicieuse du belvédère de Babylone, au fond de cet exquis parc de Peterhof, elle déposa enfin les armes.

« Désormais, tu es ma femme », écrivit cette nuit-là Alexandre. « Et tu le seras pour toujours. »

Il évoqua plus tard cette nuit :

> N'oublie pas que toute ma vie est à toi, ange de mon âme, et que son seul but est de te voir heureuse comme autant que l'on puisse être heureux en ce monde. [...] Je crois t'avoir prouvé dès le premier jour de juillet que, quand j'aimais quelqu'un véritablement, je ne savais pas aimer d'une manière égoïste. Toute ma conduite depuis n'en a été que la conséquence et je sais que tu l'as comprise maintenant complètement. Je t'aime avant tout pour toi et puis pour moi, mais comme nous ne formons plus qu'un seul être, cela revient au même. [...] Je suis à toi d'âme et de corps, et tu es à moi. Je sais que le même sentiment t'anime, car nos cœurs se sont fondus en entité[1].

Catherine, même dans cette situation, demeura cependant d'une extrême réserve. La Cour ne l'intéressait pas et elle voulait garder son bonheur pour elle. Elle mena donc une existence retirée, partageant avec celui qu'elle appelait désormais par son diminutif « Sacha » toutes les préoccupations essentielles à l'avenir de l'Empire. Le tsar, attentif à ses avis politiques, appréciait son bon sens.

Le monde entier comprit bientôt qu'Alexandre ne pouvait se passer d'elle quand, en 1870, il installa sa bien-aimée dans une chambre du palais d'Hiver, juste au-dessus de ses appartements. Deux ans plus tard, au milieu de la nuit, le tsar envoya un domestique chercher une sage-femme. L'accouchement fut difficile. Très pâle, Alexandre lança alors cet ordre désespéré :

« S'il le faut, sacrifiez l'enfant. Mais, elle, sauvez-la à tout prix ! »

Ce fut dans un état de grand épuisement que, dans la matinée du 30 avril 1872, Catherine mit au monde un garçon, Georges. Et tandis que la jeune femme se remettait, le tsar, plus amoureux que jamais, la dessinait nue.

1. Lettre d'Alexandre II à Catherine Dolgorouki, 12 novembre 1866.

La famille impériale se montra choquée par cette naissance. Quant à l'impératrice, elle se retrancha dans un mutisme encore plus grand et décida de ne plus lutter contre la maladie qui la minait.

La Cour, en revanche, eut du mal à laisser passer ce qu'elle considérait comme un scandale, surtout lorsque Catherine, à la fin de 1873, accoucha cette fois d'une petite fille, Olga.

Devant la conspiration murmurante des cireurs de parquet, Alexandre demeura impassible. Il avait frôlé la mort, connu l'amour, et il lui restait son panache. Ainsi allait-il donner un statut légal à ses enfants en leur offrant le patronyme de prince et de princesse Iourievski, en mémoire du premier prince Dolgorouki, dont le prénom avait été Iouri.

Le 11 juillet 1874, il rédigea cet oukase à l'intention du Sénat :

> Aux mineurs Georges Alexandrovitch et Olga Alexandrovna Iourievski, nous accordons les droits qui appartiennent à la noblesse et nous les élevons à la dignité de prince avec le titre d'altesse.

En attribuant de surcroît son propre patronyme à ses enfants, le tsar les reconnaissait très officiellement.

LA TRAGÉDIE DE SAINT-PÉTERSBOURG

Critiqué par la Cour, Alexandre II assuma jusqu'au bout son destin, qu'il fût amoureux ou politique.

Son gouvernement était plutôt libéral, car, outre le manifeste historique de 1861 sur l'abolition du servage (décrétée deux ans avant l'affranchissement des esclaves aux États-Unis), le tsar avait instauré d'autres réformes importantes : création d'une cour d'assises, autonomie limitée des villes et des provinces, libéralisation de la presse (avec notamment la parution d'éditions assez radicales), accès aux universités pour les classes inférieures, élargissement des droits de la femme, des minorités nationales et religieuses, suppression des châtiments corporels.

Ces transformations ne furent cependant pas un gage de popularité pour leur initiateur. L'euphorie qui avait accompagné la libération des paysans se dissipa très vite et le pays fut secoué de convulsions. Les nihilistes, ces adeptes du mouvement radical, aspiraient à des changements révolutionnaires, tandis que les fonctionnaires jasaient sur la liaison de l'empereur avec la très jeune Catherine. Et à Saint-Pétersbourg, l'on commença à parler avec dédain d'Alexandre II.

Dans le décor de rêve de la ville de Pierre, deux mondes allaient désormais s'affronter : celui de l'autocratie et des palais étincelants, et celui de la rue, dominé par des révolutionnaires qui n'aspiraient qu'à une chose, en finir avec le système tsariste.

Le 4 avril 1866, lorsqu'un terroriste tenta d'assassiner l'empereur qui se promenait dans le jardin d'Été, l'attentat secoua le pays tout entier. Pour apaiser les esprits, les journaux racontèrent qu'un paysan qui se trouvait là par hasard avait donné un coup vengeur[1]...

Mais en janvier 1878, la révolutionnaire Vera Zassoulitch tira sur le gouverneur militaire de Saint-Pétersbourg, le blessant légèrement. Cette action allait marquer le début d'une série d'attentats réussis.

Bientôt, le terrorisme fit de la capitale son champ d'action privilégié en s'en prenant aux plus hauts dignitaires de l'État. Les révolutionnaires ne se contentaient pas de viser leurs cibles ; ils annonçaient ouvertement leurs attaques. Des avertissements spéciaux furent notamment envoyés au chef des gendarmes, au ministre de la Guerre ou au gouverneur de Saint-Pétersbourg (certains étaient presque « remis en main propre »). Après chaque opération, les groupuscules extrémistes propageaient dans la ville des manifestes éloquents expliquant les raisons de leurs agissements.

Avec la naissance de l'organisation Terre et Liberté, les attentats se multiplièrent. Au cours du seul hiver 1878-1879, plus de deux mille hommes soupçonnés d'activités révolutionnaires furent arrêtés dans la capitale. Les membres de ces sociétés secrètes composées de petites unités étaient totalement dévoués à leur cause et chaque action se voyait soigneusement planifiée.

Saint-Pétersbourg se trouvait en état de choc. En Russie, la gigantesque pyramide du pouvoir était depuis des siècles couronnée par la figure du tsar. Ce dernier était non seulement un personnage symbolique, mais un véritable autocrate. Et le libéral Alexandre II répondait aussi des actes de ses fonctionnaires les plus réactionnaires. « Cela devenait étrange », rappela Vera Figner, l'une des principales révolutionnaires, « de frapper les serviteurs sans toucher au seigneur... »

1. L'auteur de cet attentat, Karakozov, fut en réalité pendu.

Mais pour ces nihilistes, l'assassinat de l'empereur devint rapidement une idée fixe. Il fallait qu'il fût tué à tout prix.

Un groupe d'hommes se chargea de cette tâche avec un budget très limité. Ils étaient jeunes, n'avaient peur de rien et, surtout, étaient fanatiquement convaincus de leur bon droit. Parant au plus pressé, ils prirent la décision, qui allait se révéler fatale pour le tsar, d'utiliser un moyen plus efficace que l'arme à feu : la dynamite…

À compter de ce jour, Alexandre II fut l'objet d'une chasse à l'homme sans précédent dans l'histoire du terrorisme mondial, à laquelle même le palais d'Hiver n'échappa pas, touché par une explosion en février 1880.

Désemparé, le tsar savait que sa vie était en danger :

« Ils me chassent comme ils chasseraient un animal sauvage, disait-il. Mais pourquoi ? Je ne leur ai pourtant rien fait ! »

Même le génie de la littérature russe, Dostoïevski, l'ennemi idéologique le plus irréductible des terroristes, rendit hommage à leur obstination :

> Disons-le sans détour : c'est de la folie, mais en même temps ces fous ont leur logique, leur doctrine, leur code, leur Dieu même. On ne peut être plus déterminé.

La fin de la partie approchait, inexorablement.

Pourquoi une telle haine se cristallisa-t-elle contre ce souverain qui, finalement, avait été le premier à avoir osé imprimer des réformes au pays ? Pour certains, cette violence tenait au fait que la jeunesse révolutionnaire avait voulu faire payer à l'empereur sa lenteur à initier les réformes. Pour d'autres, au contraire, elle s'expliquait par une course de vitesse entre les remaniements voulus par Alexandre et les groupes nihilistes, ceux-ci craignant que le régime des Romanov ne soit installé en Russie pour l'éternité si le tsar venait à réussir son pari social. Les agitateurs avaient alors estimé qu'il valait mieux supprimer le réformateur que de voir la révolution tuée dans l'œuf par l'œuvre des réformes accomplies…

Au milieu de ce séisme, le décès, en juin 1880, de l'impératrice Maria Alexandrovna offrit au tsar la possibilité d'épouser enfin devant Dieu celle à qui il était uni de manière illégitime depuis si longtemps.

Aussi fixa-t-il son mariage avec Catherine au 18 juillet, après les quarante jours de deuil requis par l'étiquette. L'entourage d'Alexandre fut atterré devant cette union secrète dont on ne daigna pas même informer le prince héritier. Quelqu'un, pourtant, osa s'en ouvrir au souverain :

« Mais, sire, le tsarévitch en sera cruellement offensé.

– Je te rappelle que je suis le maître chez moi et seul juge de ce que j'ai à faire. »

La cérémonie eut donc lieu comme prévu, innocente et charmante, et se clôtura par une promenade pastorale en calèche.

Mais pour les révolutionnaires, point de répit. Ils avaient juré sa perte ; le tsar devait mourir sous leurs bombes. Il fallait coûte que coûte éliminer celui qui avait aboli le servage, institué un jury dans les tribunaux et prohibé les peines corporelles.

Le 1er mars 1881, Alexandre devait signer la charte constitutionnelle prévoyant le principe de la représentation nationale qui allait être approuvée par le Conseil des ministres trois jours plus tard.

Avec une heureuse insouciance, il se rendit au manège Michel pour assister à la relève de la Garde. Mais tandis que son carrosse s'apprêtait à rentrer au palais d'Hiver, deux membres de la principale organisation terroriste, La Volonté du peuple, l'attendaient sur le quai. De l'autre côté du canal se tenait une aristocrate de vieille souche[1], fille d'un général du tsar, responsable du comité exécutif du groupe extrémiste. Elle devait donner le signal en agitant un mouchoir au moment où s'approcherait le cortège impérial.

Le carrosse, escorté de sa garde, filait sur le quai. À hauteur de la grille d'un jardin, l'équipage passa à côté des comploteurs. Un terroriste jeta sous les roues un paquet de papier enveloppant une bombe. L'explosion renversa la voiture et blessa plusieurs gardes. On arrêta immédiatement l'auteur de l'attentat.

1. Sofia Perovskaïa.

Par miracle, l'empereur était sorti indemne du véhicule à moitié détruit.

« Grâce à Dieu !, souffla-t-il.

– C'est vite dit ! », rétorqua le terroriste.

Au même moment surgit un troisième homme, porteur d'une autre bombe. L'engin roula entre lui et le tsar. La déflagration les laissa tous deux pour morts.

Après sept tentatives manquées, la huitième venait d'atteindre son objectif.

Transporté sans délai au palais d'Hiver, Alexandre, dont les deux jambes avaient été arrachées, succomba quelques minutes plus tard à ses blessures. Catherine, la princesse Iourievski, s'effondra sur le corps de son bien-aimé et resta ainsi prostrée plusieurs heures, baisant ses mains intactes en murmurant tout simplement « Sacha... ».

Sur la table de travail de l'empereur, on retrouva le texte de l'acte constitutionnel qu'il s'apprêtait à signer le jour même. Il aurait pu préserver la Russie de bien des catastrophes futures.

D'ALEXANDRE III À NICOLAS II

Les successeurs d'Alexandre II, son fils Alexandre III (1881-1894), puis son petit-fils Nicolas II (1894-1917), étaient profondément attachés au principe slavophile « orthodoxie, autocratie, nationalisme ». Mais cette doctrine n'était guère compatible avec la réalité d'un empire multiconfessionnel et multinational. Pour ces tsars, les problèmes internes ne pouvaient donc être résolus que par la force.

En manière de protestation, des grèves s'étendirent alors dans tout le pays. Les manifestations d'étudiants se multiplièrent, au point de devenir quasi permanentes.

Bientôt, tout ne fut plus qu'illusion, et en premier lieu les identités sociales. L'élite de l'Empire ne se sentait plus en sécurité, vivant entre le sentiment d'une crise et l'attente mystique, perception alimentée par les prémonitions et les sombres prophéties qui ne cessaient d'avoir cours dans la capitale. Au début du XXe siècle, la « décadence » était en vogue, et tous considéraient l'avenir d'un œil désabusé.

Tout annonçait, du reste, une issue fatale pour l'Empire. Il y avait, bien sûr, les difficultés naturelles d'un État effectuant des réformes radicales et passant de l'« ancien régime » à une ère nouvelle. Mais la Russie avait aussi à faire face à un problème spécifique, la cour des tsars, qui résistait aux changements et, sentant le pouvoir lui échapper, s'appuyait sur les cercles les plus conservateurs de la noblesse terrienne.

Le penseur anglais Karl Popper reprochait aux philosophes – de Platon à Rousseau et à Marx – de mal poser la question essentielle. Il estimait en effet qu'il convenait de se demander non pas « qui [devait] gouverner », mais « comment mettre en place des institutions politiques ne donnant guère de possibilité aux hommes politiques les plus incompétents et les plus malhonnêtes de causer trop de dégâts ». Or, les institutions politiques n'existaient pas en Russie.

Ce contexte était propice à l'action de l'opposition radicale. La plupart des révolutionnaires étaient des intellectuels dévoyés, marqués par le brassage des milieux sociaux et par une accumulation désordonnée des savoirs les plus divers. Les universités favorisaient souvent l'éclosion d'une « contre-culture ». La classe intellectuelle se concevait comme une nouvelle aristocratie ou même comme une « nouvelle Église », appelée à renverser, puis à régénérer la société. Dans cet esprit, certains cercles abjuraient la moralité ordinaire : leurs adeptes prétendaient s'octroyer tous les pouvoirs, y compris celui de vie et de mort, sur leurs compagnons ; ils s'abaissaient à tuer, forts de leur éminente supériorité morale. Leur doctrine subversive n'était peut-être pas une religion, mais placée dans cette perspective mystique, elle s'en rapprochait singulièrement.

Ces « possédés » établissaient un parallèle avec le christianisme et pensaient que leur nouvelle « religion révolutionnaire » allait durer mille ans. Tous étaient convaincus de la supériorité de ce nouveau credo qui promettait le paradis sur terre.

UN TSAR PAS COMME LES AUTRES

Pour affronter cette situation complexe, il aurait fallu un leader d'exception. Mais la Providence en décida autrement... L'avènement du tsar Nicolas II en 1894 fut accidentel. Certes, ce dernier était l'héritier en titre, mais son père était encore jeune et plein de vigueur. Le colosse Alexandre III, véritable force de la nature, n'aurait jamais imaginé être terrassé à quarante-neuf ans, après seulement treize années de règne.

À la vérité, son fils avait été mal préparé à assumer le poids de la conduite de l'Empire. Un jour, le ministre Witte avait proposé de le nommer à la présidence du comité pour le Transsibérien. « Connaissez-vous le prince héritier ?, avait froidement répondu Alexandre III. Avez-vous jamais eu avec lui une conversation sérieuse ? C'est un enfant, ses raisonnements sont enfantins. »

Nicolas II était né à Saint-Pétersbourg le 6 mai 1868. Le jour où l'Église fêtait Job. Il dira souvent qu'il était venu au monde marqué du signe de ce héros biblique frappé par les échecs et les drames.

Si le règne de Nicolas Ier avait été marqué par des prophéties et des prédictions mystiques – jamais on n'avait tenté aussi désespérément de percer l'avenir des tsars –, pour Nicolas II, le chiffre 17 allait se révéler fatidique :

- le 17 octobre 1888, le jeune homme avait manqué périr, avec son père et d'autres membres de sa famille, par suite du déraillement du train impérial ;

- le 17 mai 1896, les mouvements de la foule se pressant à la Khodynka pour saluer le couronnement du tsar allaient causer de nombreuses victimes ;

- le 17 octobre 1905, l'empereur signerait un manifeste visant à restreindre l'autocratie ;

- le 17 décembre 1916, Raspoutine allait être assassiné ;

- l'année 1917 verrait la fin de l'Empire ;

- enfin, dans la nuit du 17 juillet 1918, la famille impériale serait massacrée.

Le futur tsar avait pourtant reçu une remarquable formation. Son instruction avait duré treize ans. Les langues anciennes et la gymnastique avaient été remplacées par des rudiments de sciences naturelles et au français et à l'allemand était venu s'ajouter l'anglais. Ses trois dernières années d'enseignement avaient été consacrées à l'apprentissage de l'art militaire et des grands principes des sciences juridiques et économiques. Ses professeurs comptaient parmi les meilleurs spécialistes de Russie. Mais les études, comme les affaires publiques, n'intéressèrent jamais que modérément l'héritier de la Couronne. Witte, l'un de ses proches collaborateurs hérités de son père, qui fut aussi son ministre durant de nombreuses années, disait de lui :

« Incontestablement, c'est un homme à l'esprit vif et aux capacités rapides : il saisit et comprend tout très vite. »

En même temps, se souvenait-il, « l'empereur Nicolas II a, pour notre temps, l'instruction moyenne d'un colonel de la Garde de bonne famille ».

Le problème ne venait évidemment pas d'un manque d'instruction. D'ailleurs, le même Witte le reconnaissait : par ses dispositions, Nicolas II « dépassait largement son auguste père. Mais Alexandre III avait d'autres facultés, qui faisaient de lui un grand empereur »...

Sans être très grand, Nicolas II avait une constitution d'athlète, mais il ne ressemblait en rien aux magnifiques géants à la stature imposante qui s'étaient succédé sur le trône des tsars depuis Alexandre Ier. Le nouvel empereur tenait beaucoup de sa mère, ce qui avait donné lieu à cette terrible prédiction de l'illustre historien Vassili Klioutchevski :

> Les Varègues ont fondé notre première dynastie, une Varègue[1] a gâté la dernière. Cette dynastie ne tiendra pas jusqu'à sa mort politique, elle s'étiolera avant de cesser d'être utile et sera chassée.

Pour ses contemporains, Nicolas II passait pour un homme faible, influençable, qui subissait constamment l'ascendant de l'un ou de l'autre, en particulier de son épouse, à laquelle il vouait par ailleurs un amour ardent et sans faille. On a souvent invoqué la faiblesse et l'absence de volonté « pathologique » du dernier empereur russe pour expliquer sa chute. Pourtant, son principal trait de caractère était l'obstination.

En même temps, il ne savait opposer un non clair à ses solliciteurs. Sans doute était-il trop bien élevé pour se « déterminer brutalement ». Plutôt que de refuser, il préférait donc louvoyer, et ses interlocuteurs prenaient ses silences pour une approbation ou – pire – pour une défaillance. Nicolas attendait alors le visiteur suivant, celui qui partagerait son point de vue. Et il imposait aussitôt sa décision.

La personnalité de l'empereur, son caractère, jouèrent un rôle capital dans l'issue tragique de ce roman des tsars, car il était un monarque absolu. Manque de volonté ou délicatesse, l'incapacité de Nicolas II à se prononcer avec autorité créait en tout cas une étrange et désagréable impression de duplicité.

1. Les origines de la mère de Nicolas II, la princesse Dagmar de Danemark, étaient évidemment par là évoquées.

LA FEMME DE SA VIE

Les relations du tsar avec l'impératrice – « la femme de [sa] vie » – illustrent bien l'ambiguïté de son caractère.

Tout jeune, Nicolas s'était épris d'Alice de Hesse. Le célèbre faux testament de Pierre le Grand formulait ce conseil matrimonial aux futurs tsars : « Prenez des princesses allemandes. » C'est ce qu'avaient fait tous les empereurs russes, fidèles à la tradition, à l'exception du père de Nicolas II. Pourtant, Alice, devenue Alexandra Fedorovna après sa conversion à l'orthodoxie, était au moins autant anglaise qu'allemande : sa mère était la fille de la reine Victoria du Royaume-Uni (1837-1901), à la Cour de laquelle la princesse de Hesse avait passé toute son enfance.

À vrai dire, au terme d'une série de mariages dynastiques, les Romanov n'avaient pratiquement plus de sang russe dans les veines. Les Russes eux-mêmes disaient d'ailleurs souvent :

« Tsar, c'est en soi une nationalité. »

Époux comblé, mais empereur désabusé, Nicolas eut, après le décès de son père, l'impression que l'Empire lui « tombait sur la tête ». À son cousin et grand ami de jeunesse Sacha, il confia qu'il avait pleuré en apprenant son élévation au trône. Et il ajouta :

« Je n'ai pas été préparé à régner. Je ne comprends rien aux affaires d'État. Je n'ai pas la moindre idée de la façon dont on parle aux ministres… Je n'ai jamais voulu devenir tsar ! »

Ce jeune monarque était un homme sensible, un bon père de famille, peu disposé par nature à exercer cette puissance d'une manière impitoyable, dans la tradition des grands tsars de la Russie éternelle. Sa personnalité l'entraînait à l'opposé des effusions de sang propres aux règnes de ses prédécesseurs. Il consacrait plutôt volontiers tous ses efforts à assurer le bien-être de sa famille.

Mais dès le début, sa fiancée lui chanta ce refrain qu'elle allait reprendre tout au long du règne de son époux :

« Ne laisse pas les autres oublier que tu es tsar. »

Pourtant, Nicolas avait tant rêvé d'être marin…

Une semaine après les funérailles d'Alexandre III, Nicolas épousa Alexandra.

Le nouvel empereur fut couronné à Moscou le 14 mai 1896. La première épreuve, pour le jeune tsar, advint à cette occasion. Il était de tradition qu'une fête populaire soit donnée quelques jours après le couronnement et que des friandises et de menus objets soient offerts au peuple. La Khodynka, un grand terrain vague qui servait de lieu d'entraînement à la garnison moscovite, avait été retenue pour conduire les festivités. Or, par une négligence des pouvoirs publics, des trous, des tranchées, des fossés y avaient été laissés béants. Quatre à cinq cent mille personnes étaient venues acclamer le tsar. Quand le peuple assemblé s'élança afin de recevoir ses présents, la bousculade fut telle que des gens tombèrent dans les excavations. Selon les chiffres officiels, mille trois cent quatre-vingt-neuf personnes moururent écrasées et mille trois cent une furent blessées.

Cette catastrophe avait été provoquée en premier lieu par l'impéritie du gouverneur, le grand-duc Serge, oncle et beau-frère de Nicolas. Pour autant, aucune sanction ne fut infligée.

N'était-il pas indécent cependant de maintenir les mondanités prévues au protocole ? Ses oncles persuadèrent le jeune souverain qu'il devait paraître au bal que donnait le marquis de Montebello, ambassadeur de la France alliée. Le diplomate avait bien songé à annuler la réception, mais il avait vainement attendu que son hôte d'honneur se décommande.

Nicolas, quant à lui, nota dans son journal :

> 18 mai 1896. Tout allait jusqu'à présent comme dans du beurre, mais aujourd'hui un grand péché a été commis…

Et durant les deux décennies de son règne, ce souverain tourmenté ne put effacer cette faute originelle.

Les années 1880-1917 marquèrent cependant l'âge d'or des relations entre la France et l'empire des tsars. Le rapprochement politique et militaire avec Saint-Pétersbourg avait apporté à Paris une revanche sur l'humiliation de la défaite de 1870, tandis que la Russie, séduite par la manne des capitaux français, espérait ainsi développer son économie.

En 1896, la visite du nouveau tsar dans la capitale française donna lieu à des fêtes somptueuses et à une liesse populaire. La gare du Ranelagh, spécialement construite à cette occasion, ainsi que le pont Alexandre-III, dont l'empereur russe posa la première pierre, mirent en relief cette nouvelle entente.

Les Russes étaient incontestablement redevenus à la mode en France. Les Parisiens raffolaient de leurs traditions, comme les œufs de Pâques, ou de leurs costumes, telles les blouses à la Tolstoï ou les toques en fourrure. La gastronomie et la littérature venues des neiges étaient aussi dans l'air du temps et le public français découvrait le roman russe, notamment grâce aux efforts de Melchior de Vogüé, et s'enflammait dès que l'on évoquait le « charme slave ».

LE PALAIS DES TSARS

Ce jour-là, les grilles du palais s'ouvrirent devant le tsar et sa jeune épouse. Les gardes en uniforme d'apparat le saluèrent.

Dans la salle de bal se pressaient les membres du corps diplomatique, couverts de rubans de satin dans leurs tenues dont les ors se réfléchissaient dans les cristaux des lustres. Les généraux arboraient toutes leurs décorations.

Il n'y avait pas de cour en Europe où le service fût aussi varié et la hiérarchie aussi compliquée que dans celle de Russie.

Pourtant, le tsar Nicolas II passait le moins de temps possible à Saint-Pétersbourg ou à Moscou, dont l'agitation et le protocole l'indisposaient.

Son tempérament doux, indécis et volontiers solitaire le portait à vivre modestement, avec sa famille, dans ses résidences aux environs de la capitale[1]. L'impératrice, timide et plutôt réservée, partageait le sentiment de son mari sur ce point et ne connaissait de vrai bonheur qu'à l'écart du monde. Après avoir enfanté quatre filles, Alexandra Fedorovna avait donné à la Russie, le 30 juillet 1904, un prince héritier, Alexis.

La joie, cependant, avait été de courte durée. En septembre, on avait découvert que le tsarévitch était hémophile. Il devait cette anomalie constitutionnelle de la coagulation sanguine à son

1. À Peterhof ou à Tsarskoïe Selo.

arrière-grand-mère, la reine Victoria d'Angleterre. Longtemps, le couple impérial allait faire mystère de ce malheur.

À Tsarskoïe Selo se trouvaient deux palais principaux : le magnifique palais Catherine (ancien palais), réservé aux grands dîners, aux réceptions, aux cérémonies, et le palais Alexandre (nouveau palais) où l'empereur menait auprès des siens une existence régulière et patriarcale. Rarement, le couple impérial acceptait les fastes des bals costumés. Leurs Majestés arboraient alors des costumes russes du XVIIe siècle, tels que les portaient les tsars et les tsarines avant Pierre le Grand[1]. C'était une véritable débauche de brillants, de perles, de pierreries, de soies, de velours et de fourrures rares. La robe de l'impératrice pesait à elle seule trente-trois kilos ! Son long camail de toile d'or était fermé, à hauteur de la poitrine, par une griffe ornée d'un énorme spinelle, la plus belle pierre sans doute de tout le trésor impérial. Dans ces habits raides comme des armures, nos souverains bien-aimés avaient le visage même des anciennes icônes.

Le destin allait vite rattraper le couple impérial dans sa tour d'ivoire. En 1903, le tsar mit « hors jeu » son plus compétent ministre, Serge Witte, trop libéral à son gré, en lui attribuant le titre honorifique de président du comité des ministres. Il confia le pouvoir réel à Plehve, nouveau ministre de l'Intérieur, adepte de la « main forte », dont il suivit les conseils, notamment dans le domaine international (Nicolas méprisait particulièrement les Japonais, qu'il qualifiait de « singes »).

L'empereur avait conclu avec la Chine un traité qui lui donnait à bail Port-Arthur, en Extrême-Orient, et il participait à la construction du chemin de fer en Mandchourie. La Russie avait bien signé un autre traité reconnaissant les intérêts japonais en Corée, mais un groupe de pression russe voulait faire main basse sur les ressources coréennes. Ces aventuriers, haut placés, avaient créé la Compagnie du Yalou. Le gouvernement de Tokyo s'impatientait, mais le tsar pensait que les « singes » n'avaient pas les moyens de lui

1. Voir les illustrations.

nuire. Le ministre Plehve estimait de plus que pour calmer l'agitation à l'intérieur une « bonne petite guerre » serait salutaire.

Il y eut bien une guerre, mais à défaut d'être petite ce fut un vrai conflit meurtrier. Les navires nippons attaquèrent sans avertissement Port-Arthur dans la nuit du 26 au 27 janvier 1904. Ainsi commença la « première année horrible » du règne de Nicolas II. Les déroutes militaires se succédèrent, avec, en mars, une défaite navale à Port-Arthur. Bientôt, la flotte russe d'Extrême-Orient serait pratiquement détruite.

Ce fut alors que le président américain, Theodore Roosevelt, offrit sa médiation. Le tsar accepta.

La défaite de la Russie allait être néanmoins le prélude d'une révolution. Le 9 janvier 1905, les ouvriers de Saint-Pétersbourg se dirigèrent en cortège vers le palais d'Hiver, afin de demander au tsar de satisfaire leurs revendications : augmentation de salaire, journée de travail de huit heures. L'armée tira sur le peuple.

Au mois de février, les révolutionnaires déclenchèrent une nouvelle vague d'attentats. Les durs du régime les utilisèrent alors comme prétexte pour éliminer les éléments réformateurs au sein du pouvoir, en imposant ce « slogan » : « Ne ménagez pas les cartouches ! »

Le premier soviet des députés du peuple vit le jour dans la capitale de l'Empire. Les principales unions professionnelles se formèrent à travers tout le pays ; le drapeau rouge fut hissé sur le cuirassé *Potemkine* ; les partis révolutionnaires et les syndicats organisèrent la première grève politique générale de l'histoire de la Russie, qui allait aboutir à l'insurrection armée.

Cependant, les concessions du pouvoir – le 17 octobre 1905, Nicolas II signa un manifeste promettant une Constitution à la Russie – et l'emploi de la force, accompagnée des réformes proposées par le Premier ministre Stolypine, tuèrent dans l'œuf le mouvement de révolte, obligeant les révolutionnaires à prendre de nouveau le chemin de l'exil.

Le manifeste approuvé par le tsar avait formellement modifié la nature du pouvoir impérial, qui théoriquement cessait d'être absolu. Mais dans son for intérieur, Nicolas II se refusait à l'admettre. Quant à l'impératrice, elle rejetait catégoriquement toute limitation de l'absolutisme. Dans ce contexte, la personnalité du tsar, comme celle de la tsarine qui se sentait constamment étrangère à la Cour bruissante d'intrigues, le poussa à chercher un réconfort hors du monde réel.

LES TSARS MYSTIQUES

Les tsars furent souvent de grands mystiques et cette quête, ainsi que nous l'avons vu, fut portée au pinacle par l'empereur Alexandre Ier.

À partir de 1908, les Romanov commencèrent à recevoir régulièrement au palais un moujik sibérien nommé Grigori Raspoutine. Il allait faire souffler le vent des steppes sur la cour des tsars, repliée sur elle-même et divisée en factions.

Au monarque isolé, il semblait établir un lien avec l'esprit profond de la Russie, avec les conceptions religieuses ancestrales de son pays. Et par-dessus tout, Raspoutine était perçu par le couple impérial comme un guérisseur, un messager de la Providence envoyé par Dieu pour aider celui qui comptait le plus à leurs yeux : le tsarévitch Alexis, leur fils hémophile, seul héritier de la Couronne. La tsarine se tenait pour responsable du mal héréditaire qui avait frappé son enfant, et cette culpabilité avait contribué à aggraver son instabilité psychologique.

Dès lors, Raspoutine sut se rendre indispensable et rester en permanence disponible, sans demander quoi que ce fût. Ses talents de guérisseur allaient faire le reste. Le protocole de leurs rencontres pouvait paraître quelque peu cavalier : l'homme tutoyait le tsar et son épouse et les appelait «papa» et «maman». Nicolas lui baisait la main et Grigori lui rendait son baiser. Mais sa présence, comme celle de tout nouveau favori dans l'entourage du couple impérial, suscitait des jalousies. Et son aspect physique, son comportement ne pouvaient que renforcer les préventions de la haute aristocratie à son égard.

En 1914, lorsque éclata la Première Guerre mondiale, Raspoutine était à son zénith. Il vivait entre sa femme et ses trois enfants et soufflait à l'oreille de son tsar les noms des ministres à nommer ou des fonctionnaires condamnés à tomber en disgrâce. Les deux années suivantes virent ainsi défiler plus de trente ministres. Et le Sibérien intervenait aussi directement dans les affaires militaires et dans les choix stratégiques de l'armée.

Rien ne laissait prévoir, en ce temps-là, que la Russie allait passer la plus grande partie du XXe siècle sous une dictature totalitaire. Jamais, fait unique dans l'histoire de l'Empire, le pays n'avait été plus prospère ni plus libéral que durant la première décennie du règne de Nicolas II. Dans le domaine culturel même, c'était le siècle d'argent, de ceux qui prônaient l'art pour l'art, l'époque des Ballets russes et de Tolstoï.

Moscou avait conservé son ancienne apparence de centre de province, pittoresque à en paraître féerique, avec les « traits légendaires de la troisième Rome ». Elle ressemblait à l'époque à une ville de conte populaire ou à la cité fastueuse des *Mille et Une Nuits*, déployant sa magnificence. Des hauteurs, la ville s'étendait, avec ses jardins sombres, blanchis par la neige. Des ponts, les colonnes ruisselantes des réverbères glissaient dans le miroir des eaux noirâtres de la Moskova.

Les coutumes ancestrales avaient encore cours. En automne, dans la cour de l'École des beaux-arts, se déroulait la cérémonie de la bénédiction des chevaux. Toute la rue était envahie par les cochers et les palefreniers qui conduisaient leurs bêtes à cette célébration, comme aux jours de la foire aux chevaux.

Mais pendant les premières années du nouveau siècle, tout se transforma comme par l'effet d'un sortilège. Moscou fut saisie par la fièvre des affaires des premières capitales mondiales. On se mit à édifier de hautes maisons de rapport. Dans toutes les artères s'élevèrent vers le ciel de gigantesques constructions de brique. Et dépassant les capitales européennes, Moscou posa les bases du nouvel art russe, l'art jeune, contemporain, vivant.

Les écrivains, les artistes, les intellectuels et les philosophes se retrouvaient souvent pour discuter, de minuit aux premières clartés de l'aube, de symbolisme, d'« anarchie mystique », de mystères helléniques, mélangeant la réalité et la fiction, séduits par le mot d'ordre qui régnait alors et qui appelait à transformer l'art en vie. Cette époque a pu être considérée à juste titre comme une sorte de sommet de la civilisation russe. « Pour la première fois, le monde occidental suivait la Russie, lui empruntant son style, ses goûts et ses valeurs spirituelles », constata l'historien américain Rhueff. Occupant en outre la première place en Europe par le nombre d'habitants et la superficie (54,1 % de l'Europe, sans compter ses possessions d'Asie), l'empire des tsars apparaissait comme une grande puissance promise à un grand avenir.

En 1913, la Russie célébra le tricentenaire de la dynastie des Romanov. Cet anniversaire commémorait l'élan de patriotisme qui, au printemps de 1613, avait « sauvé la Russie après la période du "temps des troubles" ». Le tsar Nicolas II avait élaboré un long programme de fêtes splendides. Ainsi affirmait-il aux yeux de son peuple comme aux yeux du monde l'importance de l'œuvre accomplie par sa famille. Pendant que l'escadrille impériale descendait ou remontait la Volga, les moujiks se pressaient par centaines de milliers, agenouillés sur les rives, avec leurs prêtres, leurs croix, leurs étendards, leurs bannières, leurs icônes. Et tous, chantant des hymnes, les mains tendues vers le ciel dans une commune extase, bénissaient leur souverain.

Le voyage se termina fin mai à Moscou. Il avait fatigué l'impératrice qui, à plusieurs reprises, avait dû s'aliter. Il avait au contraire réjoui l'empereur, pour qui les cérémonies avaient montré la ferveur du peuple russe et l'amour qu'il portait à leur tsar.

Mais la situation internationale allait assombrir ces festivités. Bientôt, derrière le démembrement de l'Empire ottoman et la question des Balkans, se mirent en place les prémices d'une guerre mondiale.

LA CATASTROPHE

La tragédie de la Première Guerre mondiale changea la donne.

En quelques semaines, en quelques mois, le meilleur d'une génération périt. À l'automne 1915, les deux tiers des soldats russes qui avaient été envoyés sur le front un an plus tôt avaient été tués et les quatre cinquièmes des officiers avaient disparu. Après deux ans de conflit, la Russie comptait près de deux millions de morts, plus que l'Allemagne et la France n'auraient respectivement à subir en quatre ans de combats !

En août 1916, la Galicie et la Pologne tombèrent aux mains des Allemands. Il était temps pour l'empereur d'imposer sa volonté aux ministres, aux généraux et au grand-duc Nicolas, son parent, commandant en chef des forces armées.

« Montre-leur que tu es le maître. Ils doivent apprendre à trembler devant toi », disait Alexandra en incitant son mari à prendre le commandement des troupes. Nul doute que cette initiative n'allait pas lui être pardonnée...

Alors que la calomnie poursuivait ses ravages, le couple demeurait indiciblement soudé. Et ce fut avec fierté que la tsarine vit son mari annoncer fermement au gouvernement, sous un tollé général, qu'il partait pour le front.

« Souviens-toi, la nuit dernière, à quel point nous nous sommes tendrement enlacés. Comme je vais attendre tes caresses ! », lui écrivit-elle au lendemain de son départ.

Désormais, le pouvoir était entre ses mains.

Mais c'était un pas de trop pour cette impératrice russe d'origine allemande. Un témoin déclara à l'époque :

« Les ennemis les plus vils et les plus acharnés du pouvoir tsariste n'auraient pu trouver plus sûr moyen de discréditer la famille impériale. La Russie a connu des favoris qui, mettant à profit les bonnes dispositions du monarque à leur endroit, dirigeaient la politique du pays. »

Pour l'heure, ce qu'Alexandra attendait du gouvernement était clair : mettre un terme aux querelles intestines et en finir avec les campagnes de diffamation et de manipulation politique. Aussi fit-elle valser quelques ministres, ce qui entraîna une nouvelle vague de mécontentements.

Sa belle-mère, la tsarine douairière, songea alors à faire enfermer dans un couvent cette bru qu'elle n'avait jamais accepté :

« Je crois que Dieu aura pitié de la Russie. Alexandra Fedorovna doit être écartée. Je ne sais pas comment cela doit se faire. Il se peut qu'elle devienne tout à fait folle, qu'elle entre dans un couvent ou qu'elle disparaisse. »

Certains aristocrates inventèrent un complot international dont Raspoutine aurait été l'instrument et dont les inspirateurs étaient, selon eux, tantôt les Allemands, tantôt les milieux sionistes[1]. La mère de Nicolas II nourrissait également ce genre d'idées. En 1912, elle avait fait remarquer au Premier ministre Kokovtsov :

« Ma malheureuse belle-fille ne comprend pas qu'elle est en train de se détruire et de détruire la dynastie Romanov en croyant à la sainteté de ce démon [Raspoutine]. Nous ne sommes pas en mesure d'éviter ce malheur. »

Paradoxalement, ce ne fut pas un complot mondial qui accéléra la chute de l'Empire, mais celui d'un groupe d'aristocrates proches

1. L'idée d'un complot mondial visant à détruire la Russie réapparut ainsi avec Raspoutine et les rumeurs dont il était l'objet. Nous la retrouverons ensuite chez les bolcheviks, qui considérèrent toujours la Russie comme une forteresse assiégée.

du tsar, qui décidèrent d'éliminer Raspoutine. Celui-ci avait pleinement conscience que la guerre contre l'Allemagne serait calamiteuse pour la Russie. L'impératrice, d'origine allemande, souhaitait elle aussi une issue rapide aux hostilités. Le parti de la morale et du bon sens ne fut donc pas le seul à vouloir éliminer Raspoutine ; celui de la guerre eut aussi une part décisive.

Le 17 décembre 1916, Raspoutine fut convié sur la Moïka, au palais Ioussoupov, où il fut tué[1]. On repêcha son corps le lendemain dans la Neva.

Pendant les jours sombres du début de l'hiver 1917, la tsarine se rendit quotidiennement sur la tombe de l'« ami ». Effondrée, elle ne pouvait même plus écouter de la musique sans pleurer.

Survint la révolution de février 1917, donnant l'illusion d'une grande fête populaire où des orateurs fougueux prononçaient des discours inspirés devant une foule ensorcelée. Puis éclatèrent des manifestations contre la pénurie de pain, des heurts avec la police, des émeutes, des pillages, l'instauration d'un couvre-feu.

Le 1er mars, les quelque cent soixante mille soldats présents dans la capitale de l'Empire s'insurgèrent. Le tsar rentra alors du front à Petrograd[2], où certains lui soufflèrent de rallier des troupes fidèles pour reconquérir la ville. Mais Nicolas II se refusa à « tuer ses compatriotes ». Il abdiqua le 2 mars, et son frère cadet, héritier désigné, se désista à son tour. Un gouvernement provisoire fut constitué.

Pendant ce temps, la guerre contre les Allemands se poursuivait et le problème du pain dans la capitale n'était toujours pas réglé : les approvisionnements en produits alimentaires demeuraient insuffisants.

En avril, un petit homme à la barbiche rousse, ignoré jusqu'alors du grand public mais bien connu des services secrets allemands, rentra à Petrograd dans un wagon plombé mis à sa disposition par Berlin.

---

1. Voir *le Roman de Raspoutine*, Éditions du Rocher, 2011, Grand Prix Palatine du roman historique.

2. Saint-Pétersbourg avait été rebaptisé Petrograd en 1914.

Pour l'Allemagne, le retour de Lénine en Russie était un enjeu crucial, de nature à «affaiblir la puissance russe», selon la formule du ministère allemand des Affaires étrangères.

Afin d'éviter l'accusation d'espionnage en faveur de Berlin, le leader bolchevique exigea que fût attribué un statut d'extraterritorialité au wagon utilisé pour le voyage. Il mena ensuite prudemment les négociations, par l'intermédiaire d'agents proches de l'élite de son parti. Ceux-ci n'hésitèrent pas à contacter à ce sujet non seulement le ministère allemand des Affaires étrangères, mais encore Guillaume II en personne. Les Allemands acceptèrent finalement le marché et dégagèrent d'importants crédits pour financer cette opération qui garde toutes les caractéristiques d'une grande manipulation historique. À tel point que le général Ludendorff écrivit un jour, à propos du gouvernement soviétique :

> Il existe grâce à nous.

Lénine, comme un autre leader bolchevique, Léon Trotski, allait bientôt se faire connaître grâce à ses talents d'orateur capable d'hypnotiser les foules.

Léon Davidovitch Bronstein, alias Trotski, avait été contraint de s'exiler aux États-Unis à compter de 1916. Revenu en Russie à la faveur de la chute du tsarisme, il adhéra au parti bolchevique et participa activement aux journées d'Octobre. Organisateur hors pair, il fut le grand artisan de la victoire soviétique.

Si Trotski séduisait grâce à son tempérament, Lénine persuadait avec une logique implacable, en apparence simple. Le raisonnement des bolcheviks était en effet réducteur, comme en témoigne cet extrait d'un discours de Trotski :

«Vos grands-pères et vos pères ont obligé nos grands-pères et nos pères à nettoyer leurs bottes; maintenant, c'est vous qui nettoyez les nôtres. [...] Pillez les pillards, volez les voleurs. [...] L'extermination sanglante des riches.»

Ainsi, du balcon de l'élégant hôtel particulier d'une célèbre danseuse, les leaders bolcheviques parvenaient-ils à convaincre les masses affamées et épuisées qu'ils possédaient la solution miracle à tous leurs problèmes.

Face à ce discours, le gouvernement était incapable d'expliquer pourquoi la guerre était nécessaire et pourquoi les usines fermaient. Les mois passaient, marqués par des manœuvres politiques et des tentatives de coup d'État, tandis que soldats et ouvriers continuaient de s'agiter et de présenter des exigences de plus en plus radicales.

Au matin du 25 octobre 1917, des affiches annonçant le renversement du gouvernement provisoire et la prise du pouvoir par les soviets furent placardées dans toute la ville. Les journaux du soir passèrent de main en main, le public commenta les dernières nouvelles.

Le 27 octobre se forma le Conseil des commissaires du peuple, présidé par Lénine.

Les bolcheviks « nationalisèrent » rapidement toute l'économie, plaçant sous contrôle ouvrier les usines, pillant les coffres-forts des particuliers dans les banques avant de s'emparer sans vergogne, au printemps de 1918, des récoltes des paysans. Cette dernière opération provoqua un chaos généralisé et en particulier la terrible famine des années 1920-1922. Mais selon Lénine, la famine pouvait être « socialement bénéfique ».

L'assassinat du tsar et de ses proches entrait dans cette effroyable logique.

L'historiographie soviétique affirma que le soviet régional de l'Oural, constatant que la ville d'Iekaterinbourg[1] était sur le point de tomber aux mains des armées blanches, décida d'exterminer la famille impériale, afin d'écarter toute possibilité de restauration monarchique.

Cette version, toutefois, ne correspond pas à la réalité. Trotski confirma dans ses lettres que la décision de faire périr les Romanov avait été préalablement prise par Lénine au cours de l'été 1918 et transmise secrètement au soviet local par un autre bolchevik du

1. Où avaient été envoyés sous bonne garde Nicolas II et les siens.

nom de Sverdlov. D'après ce dernier, Lénine « ne voulait pas laisser ce drapeau vivant[1] ».

La nouvelle de l'exécution fut brièvement annoncée le 18 juillet à la réunion des commissaires du peuple, puis Lénine, pragmatique, passa à l'ordre du jour…

La maison Ipatiev où furent assassinés Nicolas II et ses proches, qui doit son nom à son ancien propriétaire, l'industriel Nikolaï Nikolaïevitch Ipatiev, a acquis au cours de la révolution bolchevique le surnom horrible de « maison à destination spéciale », une sorte de chemin de croix vers la mort.

Construite vingt et un ans auparavant, elle possédait tout le confort moderne de l'époque : électricité, téléphone, grands volumes, salle de bains tout équipée avec sanitaires, jardin avec terrasse, etc. Implantée sur un terrain en pente dans le centre historique d'Iekaterinbourg, son rez-de-chaussée était en partie enterré. Au moment de l'incarcération de la famille Romanov, Ipatiev et les siens furent chassés temporairement de leur habitation, puis des modifications architecturales furent apportées au lieu pour gagner en sécurité : une double palissade fut élevée dans le jardin, suffisamment haute pour échapper à tout regard extérieur, et des mitrailleuses furent installées sur les toits. La villa devint en définitive une prison.

Un rapport confidentiel retraçant le déroulement des événements fut rédigé par Iakov Iourovski, membre de la Tcheka, la police politique soviétique, qui dirigea le commando des tueurs. D'après ce document, dans la nuit du 16 au 17 juillet, le peloton d'exécution, composé de Lettons et d'ex-prisonniers austro-hongrois, se présenta dans la maison qui « abritait » le tsar et les siens. Prétextant des troubles dans les environs, le chef du groupe pria ces derniers de descendre à la cave pour se mettre à l'abri. Là, il annonça à Nicolas II, atterré, sa condamnation à mort.

L'empereur fut visé le premier, puis l'on tira sur la tsarine Alexandra et trois des grandes-duchesses, Olga (vingt-deux ans),

1. Cité d'après *Trotski, les lettres et les journaux intimes*, L'Ermitage, 1985.

Tatiana (vingt ans), Anastasia (seize ans), et l'on abattit enfin le tsarévitch Alexis (treize ans) qui était alors souffrant. Les grandes-duchesses furent chacune exécutées d'une balle dans le visage, afin de les rendre moins identifiables (ce qui a été confirmé lors de l'examen médico-légal de leur crâne, après exhumation). Quatre membres de leur entourage furent tués en même temps : le docteur Eugène Botkine, le valet Alexei Trupp, le cuisinier Ivan Kharitonov et la femme de chambre Anna Demidova.

Les geôliers se disputèrent les bijoux que chacun avait disséminés dans ses vêtements.

Que faire des corps après un tel forfait ?

Iakov Iourovski les transporta jusqu'à la forêt de Koptiaki et les fit jeter dans un puits de mine à ciel ouvert, au lieu-dit des Quatre-Frères.

Le lendemain, par peur d'avoir été surpris ou peu satisfait de l'originalité de la cache, il récupéra les dépouilles impériales et tenta de les brûler après les avoir arrosées d'essence. Au bout de deux corps, il abandonna cette méthode fastidieuse et fit asperger les autres cadavres d'acide sulfurique, avant de les enterrer dans une seconde fosse qu'il recouvrit de traverses de fer.

Ce furent l'archéologie et la géologie qui, à la fin des années 1970, firent de nouveau avancer les choses. Un géologue local, Alexandre Avdonine, qui avait eu accès au rapport de Iourovski, situa la fosse commune où reposaient les restes de la famille impériale, mais jugea prudent de taire sa découverte jusqu'à la chute de l'Union soviétique. En juillet 1991, guidés par cette information, des scientifiques retrouvèrent dans une forêt proche d'Iekaterinbourg le lieu où avait été inhumée en 1918 une grande partie des Romanov.

Une grande partie seulement, car, forts d'une expertise médico-légale complexe publiée dans les colonnes de la revue *Nature Genetics*, seuls les corps du tsar, de la tsarine, de trois de leurs cinq enfants (dont Anastasia), du médecin officiel de la Cour et des trois serviteurs (le valet du tsar, la caméariste de la tsarine et le cuisinier) avaient pu être identifiés. Deux corps étaient donc portés disparus : celui du tsarévitch Alexis et celui de la grande-duchesse Maria.

Mais le 29 juillet 2007, suivant à la lettre les données du rapport Iourovski, l'on parvint à localiser, dans une seconde fosse dissimulée dans un bois voisin, les restes de deux corps ayant appartenu à de jeunes individus des deux sexes. L'un des crânes portait des soins dentaires à base d'argent. En novembre 2008, puis en mars 2009, deux publications scientifiques signées par plus d'une dizaine d'auteurs parurent respectivement dans les revues *PNAS* (*Proceedings of the National Academy of Sciences*) et *PLOS One*, annonçant l'identification formelle des deux derniers enfants Romanov : le jeune garçon de douze à quinze ans que l'on avait exhumé était bien Alexis et la jeune fille de quinze à dix-neuf ans, Maria.

Ils reposent désormais dans le caveau de la cathédrale de la forteresse Pierre-et-Paul, à Saint-Pétersbourg, aux côtés de leurs proches.

Les résultats des investigations scientifiques ont été publiés dans des revues internationales à la réputation avérée, par des équipes mixtes russo-américaines dont l'objectivité était incontestable. Parmi elles figurait l'Armed Forces DNA Identification Laboratory de Rockville, dans le Maryland. Les échantillons de référence qui ont servi aux comparaisons génétiques sont suffisamment nombreux et fiables pour être irréprochables : ils ont été prélevés sur les restes exhumés du grand-duc Georges Romanov (frère cadet de Nicolas II, mort en 1899), sur le prince Philippe, duc d'Édimbourg, le duc de Fife et la comtesse Xenia Cheremeteff-Sfiri, tous trois rattachés à la famille de la tsarine Alexandra.

Cependant, plusieurs interrogations s'imposent lorsqu'on évoque l'authentification des restes des Romanov. Selon notre ami le médecin légiste français Philippe Charlier, les corps découverts en 1991 avaient été calcinés par les bolcheviks et aspergés d'acide sulfurique, afin de n'être plus identifiables[1]. Comment a-t-on pu malgré tout en extraire de l'ADN ?

---

1. Voir *le Roman des morts secrètes de l'histoire*, Éditions du Rocher, 2011.

Il faut beaucoup d'énergie pour brûler complètement un corps (cent kilogrammes de bois en moyenne sont nécessaires). Ce n'est donc pas l'aspersion des cadavres avec de l'essence qui a suffi à les carboniser. De même, l'acide sulfurique n'en a entamé que la partie superficielle et était surtout destiné à effacer les traits du visage et à brûler les extrémités. Mais en profondeur, dans le milieu fortement calcifié et dense que représentent la pulpe des dents et l'épaisseur des os longs (fémurs, tibias, humérus), le matériel génétique a été préservé.

REPENTANCE ET RÉCONCILIATION

À Iekaterinbourg, rebaptisée Sverdlovsk sous le régime soviétique, la maison Ipatiev était devenue un lieu de pèlerinage encore fréquenté dans les années 1970. Les hiérarques moscovites s'en émurent et, en 1977, donnèrent l'ordre de la détruire.

Boris Eltsine, qui était à l'époque le secrétaire général du parti communiste local, était allé consulter aux archives régionales les documents de 1918. Il était alors l'un des rares initiés au mystère de la mort du tsar et des siens. La lecture de ces papiers, confia-t-il, lui avait été pénible. Dans ses *Mémoires*, il ne s'étendit guère plus sur le sujet, mais évoqua la « résolution concrète » du comité central :

> Le comité régional du parti devait assumer la responsabilité de cette décision insensée. C'est ainsi que, de nuit, nous fîmes venir du matériel devant la maison Ipatiev. Au matin, la place était nette. Par la suite, ordre fut donné de goudronner.

Bien plus tard, le 14 août de l'an 2000, en la fête de la Transfiguration, le tsar, la tsarine et leurs enfants, reconnus « martyrs du communisme », furent canonisés par l'Église orthodoxe de Russie. Auparavant, le 17 juillet 1998, lors des obsèques de la famille impériale russe à Saint-Pétersbourg, Eltsine, devenu chef du Kremlin de la Russie postsoviétique, avait déclaré :

> Nous devons dire la vérité : le massacre du tsar est devenu l'une des pages les plus honteuses de notre histoire. En enterrant ces victimes innocentes, nous voulons expier les péchés de nos ancêtres. Nous

> devons terminer ce siècle, qui est devenu le siècle du sang et du non-droit pour la Russie, par la repentance et la réconciliation…

Une simple croix orthodoxe fut d'abord dressée en lieu et place de la villa Ipatiev. Puis une église fut construite. Mais dans la crypte de l'impressionnant sanctuaire y attenant, on trouve, mêlée à des « souvenirs » de la famille impériale, une reproduction en noir et blanc, grandeur nature, du mur de la cave où succombèrent les derniers Romanov, avec ce papier peint défraîchi criblé de trous et de coulures de sang. Dans un coin également est affichée la photo monstrueuse, prise par les bolcheviks, des quatre grandes-duchesses et du tsarévitch, les cheveux rasés à la suite d'une rougeole contractée en détention…

Épilogue

« UNE LONGUE TRADITION DE TSARS FORTS »

Vladimir Poutine m'a laissé l'image d'un homme aux multiples visages, caché derrière une succession de masques – dans la tradition byzantine des souverains russes.

Son regard parfois vague, parfois intense, ses froncements de sourcils ou même un mouvement impatient des lèvres témoignent d'une volonté de fer, cependant qu'il semble glisser, insaisissable. Il a visiblement appris à jouer de nombreux rôles. Il avait jusqu'alors donné l'image d'un homme excellant dans l'art de brouiller les pistes.

Ce fut du moins l'impression qui me vint à l'esprit quand, au début des années 1990, à Saint-Pétersbourg, j'eus l'occasion de l'observer pour la première fois en privé.

Poutine ne semblait guère homme à se laisser aller au bonheur d'être. Ce n'était pas dans sa nature. Comme autrefois Nicolas II, il faisait croire à tous ses interlocuteurs qu'il était comme eux, un des leurs : un miroir dans lequel chacun se reflétait, se retrouvait. Parfois, il n'hésitait pas à imiter leur gestuelle, leurs tics, leur façon de parler – une technique souvent utilisée par les agents secrets. Ce talent, développé durant ses années de formation en espionnage, lui permettait de se couler dans n'importe quel moule.

Aujourd'hui, l'actuel chef du Kremlin occupe l'ensemble du spectre politique, cultivant avec aisance une formidable ambiguïté. Il assume sans problème le passé soviétique et l'histoire de l'empire des tsars ; il est nationaliste et universaliste, progressiste et passéiste, étatiste et libéral à la fois. Et dans sa démarche, il s'appuie sur un argument de taille, affirmant que, sous sa houlette, la Russie est devenue un État « riche et respecté ».

Cette dualité remonte à la jeunesse du président russe.

Tout commença par une sorte de conte de fées. Il était une fois un petit garçon nommé Vladimir, né le 7 octobre 1952 à Leningrad. Élève brillant et solitaire, excellent judoka, discret et volontaire, il était le fils d'un ouvrier modèle et le petit-fils du cuisinier de Lénine. Enfant déjà, il caressait le rêve de devenir espion au service du KGB. Mais il avait aussi une autre passion : sa ville natale et son passé tsariste. D'emblée, dès son plus jeune âge, il avait aimé cette ville, ses maisons ocre, roses, bleu ciel, vertes ou grises, l'immense perspective qui s'étirait à perte de vue en une double ligne de palais, d'hôtels et d'églises, ses canaux argentés, ses nuits blanches.

Poutine, encore écolier, tout à son rêve de devenir espion du Kremlin, se renseigna auprès du KGB – il voulait s'engager sur-le-champ – où on lui conseilla de s'inscrire à la faculté de droit. En 1975 enfin, diplômé de l'université, ce jeune homme de petite taille, costaud et sportif, fut appelé par les services secrets parce qu'il était l'un des meilleurs étudiants.

De nos jours, Vladimir Poutine n'hésite pas à présenter les agents du KGB comme l'élite qui défend les intérêts supérieurs du pays. Cependant, ces « gardiens du temple » de la Russie éternelle ont bel et bien conservé leurs méthodes. Les écoles spéciales des services secrets russes enseignent toujours le sang-froid, l'art de la dissimulation, de la mise en scène, sans oublier le double, voire le triple langage.

La démocratie ? Comme me disait l'un des condisciples de Poutine :

« De toute façon, pour les hommes du KGB, elle n'existe nulle part sur la planète. Partout, tout n'est que manipulation. Alors, un peu plus ou un peu moins… »

Les anciens agents du KGB possèdent toujours leur culture politique, leur jargon et même leur humour ; bref, une structure mentale, une psychologie spécifique, marquée par la culture du secret…

Ses condisciples ont témoigné qu'à cette époque Poutine évoquait souvent l'histoire de la Russie, citant Pierre le Grand ou Ivan le Terrible comme des symboles de grandeur et de volonté. À ses yeux, les tsars, le KGB, les forces armées constituent en effet tout l'héritage glorieux de son grand pays.

Plus tard, aux côtés de son supérieur du moment, le maire réformateur de Leningrad, Anatoli Sobtchak, Poutine s'occupa directement de l'organisation du référendum qui aboutit à changer le nom de la ville[1]. Ce vote fut perçu non seulement comme une négation du communisme, mais aussi comme une nouvelle impulsion vers l'Europe, marquée par la nostalgie du passé de l'Empire tsariste. Saint-Pétersbourg, qui avait été le berceau de la révolution bolchevique, en fut également la ruine.

Sobtchak m'a précisé que l'intérêt particulier de Poutine pour le passé tsariste avait surgi publiquement au cours de cette période. Il s'était alors passionné pour l'histoire d'Alexandre II, le souverain réformateur, mais surtout pour le Premier ministre du tsar Nicolas II, Stolypine, qui prônait, d'après les termes mêmes de l'actuel chef du Kremlin, le « changement dans l'ordre ».

Quel équilibriste ! Car le « changement dans l'ordre » était également la formule de prédilection d'un autre maître à penser de Poutine : le chef emblématique du KGB, Iouri Andropov… Et effectivement, quand au début de l'an 2000 Poutine devint le président de la fédération de Russie, il appliqua ses méthodes et se révéla un dirigeant nettement plus rude que son prédécesseur, Boris Eltsine. Il ne concéda rien aux boyards déchus, soit en faisant emprisonner certains oligarques (comme ce fut le cas de l'homme le plus riche de Russie, Khodorkovski), soit en les poussant à vivre à l'étranger.

1. En juin 1991, à la veille de la chute de l'URSS, les habitants de Leningrad choisirent en effet par référendum de rétablir le nom historique de leur ville, Saint-Pétersbourg.

Son message était clair et sans ambiguïté :

«Soit vous jouez le jeu du Kremlin et on oublie comment vous avez fait vos fortunes en cette période embrouillée. Soit vous continuez de vous mêler de la politique pour votre propre compte et, dans ce cas, vous vous condamnez aux pires complications.»

En attendant, Poutine ayant procédé à une centralisation pour faire encadrer par les services secrets toutes les autres structures étatiques, une forme d'autocratie s'est déjà rétablie en Russie.

Un nouveau tsar pourrait-il diriger la Russie ?

«Le peuple russe possède une longue tradition de tsars forts», proclame de nos jours le président Poutine. Cette année – à l'occasion du 400e anniversaire de la dynastie des Romanov –, il a joué avec finesse en induisant la référence idéologique à l'empire des tsars comme symbole de l'ordre et de la grandeur du pays. Cependant, il a dans le même temps fait appel à d'autres références. Non pas à Lénine et à son idéologie communiste. Mais à Staline, continuateur de l'œuvre de l'Empire, celle de la Russie éternelle. Enterrer Lénine. Faire disparaître sa momie dans un caveau. Occulter les crimes du régime soviétique. Honorer non seulement les grands tsars, mais aussi Staline – comme récemment pour le 70e anniversaire de la bataille de Stalingrad –, le tsar rouge, vainqueur des nazis, qui, nous l'avons vu, se posait en héritier d'Ivan le Terrible.

Staline était un psychopathe digne de la mythologie antique. Si ce génie du mal, manipulateur hors pair, qui se flattait d'être un grand metteur en scène des drames historiques, semblait tout droit sorti d'une tragédie de Shakespeare, à première vue, Poutine évoque plutôt les romans d'espionnage. Ne serait-il pas tenté, cependant, de jouer un rôle plus ambitieux en se présentant comme le continuateur de l'œuvre des Romanov ?

Le pouvoir absolu tourne bien des têtes. Et aujourd'hui, les hommes de Poutine gouvernent la maison de Russie dans un esprit autoritaire. Ils sont animés d'une grande rancune envers l'Occident, rendu coupable de la chute de l'empire soviétique, et ils combattent tout ce qui leur paraît être inspiré du modèle démocratique venu de l'Ouest (liberté d'expression, transparence des affaires, etc.).

Pour cette coterie – comme sous les Romanov –, « les ennemis sont partout et la Russie reste une forteresse assiégée ». Dénoncer le complot de l'Amérique, les agissements des oligarques ou des espions occidentaux, tout est bon pour unir le peuple derrière les slogans du Kremlin.

En mettant la haute main sur tous les joyaux de l'empire, le clan de Poutine semble renouer avec la tradition autocratique. Dans la plus grande opacité, il dirige à la fois le pétrole et le gaz, l'industrie de l'armement et les télécoms, les mines d'or et les grandes chaînes de télévision, la Banque centrale, le Parlement, l'armée et les services secrets, la police et les régions…

À vrai dire, Dmitri Medvedev (devenu président entre 2008 et 2012) est resté fidèle à Poutine et n'a jamais disposé d'une autonomie véritable. Entre le Kremlin, les anciens espions et l'Église orthodoxe, les intérêts sont à tel point croisés que les joueurs de ce poker menteur sont souvent les mêmes.

La fameuse verticale du pouvoir, rétablie par Poutine, est basée sur cette alliance tripartite : tous ceux qui s'y opposent sont susceptibles d'être mis au ban, au nom de l'intérêt supérieur de la nation. Seuls les procédés et les interprètes changent, jouant une partition écrite à l'avance.

Ainsi assistons-nous au triomphe des méthodes traditionnellement employées à la cour des tsars : l'intoxication, l'amalgame et les raccourcis, le chantage, les intrigues byzantines et le meurtre. Il faut néanmoins ajouter à ce tableau une nouvelle dimension de taille : des moyens financiers considérables dus à la manne du pétrole et du gaz.

En même temps, la Russie de Poutine est hantée par l'idée de reconstituer l'Empire. Mais selon sa méthode. Sans à-coups et étape par étape.

On rappelle souvent la célèbre maxime de Vladimir Poutine :

« Tous ceux qui ne regrettent pas l'Union soviétique n'ont pas de cœur. »

On se souvient moins, cependant, qu'il a aussitôt ajouté :

«Tous ceux qui la regrettent n'ont pas d'intelligence.»

En vrai autocrate, Poutine a continué d'affirmer haut et clair :

«Franchement, quand je regarde en arrière, il n'y a pas d'erreurs.»

Et lorsqu'on lui a demandé s'il avait pris des décisions qu'il aimerait corriger, il a répondu tout de go :

«Non. Mon bilan devrait me permettre de rester encore au pouvoir !»

Son ambition est de créer un «État équilibré à tous les niveaux», même s'il estime que «des décennies» (!) seront nécessaires pour atteindre cet objectif. Et il n'entend pas lâcher la barre. Il s'imagine volontiers en héritier des grands tsars de la Russie éternelle, faisant face à des défis colossaux.

La Russie a beau produire plus de pétrole que l'Arabie Saoudite et plus de gaz que tout autre pays, cette manne ne sera bientôt plus suffisante. Des réformes économiques douloureuses sont donc à venir. Et si son message passe, Vladimir Poutine pourrait rester à la tête du pays jusqu'en 2024 !

La véritable nostalgie du «tsar fort» est donc exprimée par une coalition hétéroclite, composée de clans connus et de réseaux d'affaires occultes.

À l'orée du XXIe siècle, la Russie se cherche.

Pour éviter la catastrophe nationale, Poutine a préconisé un seul antidote : la renaissance des structures étatiques détruites par le chaos postcommuniste. Il se perçoit ainsi comme la réincarnation du premier des Romanov, élu par la Providence pour sauver le pays après le «temps des troubles postcommunistes», au nom de la grandeur de la Russie. Voilà le stratagème secret de l'actuel maître du Kremlin.

L'autre analogie entre Poutine et les grands tsars, c'est son christianisme assumé.

Or, la vision chrétienne de la chose publique est basée non pas sur l'affrontement entre une majorité et une opposition, mais sur l'idée de concorde et de cause commune.

Fidèle à la tradition tsariste, Poutine considère que la vie démocratique est devenue en Occident une sorte de délassement. « On y joue à la démocratie pour la galerie. »

Mais il croit au fond que l'Europe et l'Amérique sont plus oligarchiques encore que la Russie : certes, le Kremlin s'efforce avec difficulté de « museler » ses oligarques, alors que les pays occidentaux sont de plus en plus dépendants du pouvoir de l'argent.

En assumant sa politique en Syrie, Poutine se place aussi dans la rhétorique tsariste de soutien de tous les chrétiens d'Orient qui, selon lui, ont été lâchement abandonnés par l'Occident au profit d'un appui aveugle concédé aux extrémistes islamistes.

Selon l'actuel chef du Kremlin, la nouvelle identité nationale de la Russie est celle d'un peuple bâtisseur d'empire – russe, tsariste puis soviétique –, diluée en quelque sorte dans l'identité soviétique et qui semble puiser sa source principale dans une allégeance à l'État.

L'essence de ce concept trouve ses racines au milieu du XIXe siècle, dans une forme d'organisation étatique caractérisée par un pouvoir central puissant, un mécanisme efficace de succession au trône et la présence d'un dirigeant fort, marqué par l'influence de l'orthodoxie devenue *de facto* l'idéologie étatique de la Russie postsoviétique.

Contrairement aux clichés établis en Occident, le duo qui gouverne la maison de Russie n'est pas représenté par Poutine et son actuel Premier ministre, Medvedev. Ce dernier reste ce qu'il a toujours été : un simple collaborateur. Comme à l'époque des premiers Romanov, le patriarche de l'Église orthodoxe russe joue le rôle éminent de copilote du gigantesque bateau russe.

À l'image de Poutine, le patriarche Kirill est originaire de Saint-Pétersbourg et vient de la galaxie du KGB. « Aucun moine ne pouvait devenir évêque sans appartenir au KGB », affirmait haut et clair l'ancien député Gleb Yakounine, un pope défroqué qui avait eu accès aux archives du KGB au moment de la chute de l'URSS. À l'époque, Kirill avait déjà pour nom de code « Mikhaïlov ». Il avait exercé ses activités d'agent dès le début des années 1970. Puis il fut nommé représentant du patriarcat à Genève, où il profita de la douceur des paysages suisses et des voitures de luxe – jusqu'au premier accident. Alors qu'il roulait à pleine vitesse sur une route de montagne, sa BMW percuta le bas-côté. À son bord se trouvaient un colonel du KGB et son fils qui fut victime d'une fracture de la clavicule. On précipita alors le retour de Kirill à Leningrad, où il fit une carrière fulgurante.

Aujourd'hui, le patriarche Kirill est devenu sans conteste un grand acteur politique charismatique. « N'écoutez pas les provocateurs, restez à la maison et priez », lança-t-il à la télévision en février 2012, à la veille des manifestations organisées contre les fraudes aux élections législatives. Ou encore : « Les droits de l'homme sont un prétexte aux insultes contre les valeurs nationales. »

Une petite phrase ô combien symbolique allait être lâchée par Kirill lors d'une rencontre avec Vladimir Poutine :

« Votre présidence est un miracle »…

Or quatre siècles plus tôt, l'Église orthodoxe avait aussi comparé l'élection du premier tsar de la dynastie des Romanov à un miracle…

En 1991, on avait pensé, selon la célèbre formule de l'essayiste Fukuyama, à la « fin de l'histoire ».

Mais en Russie, c'est l'histoire des tsars sans fin !

Annexes

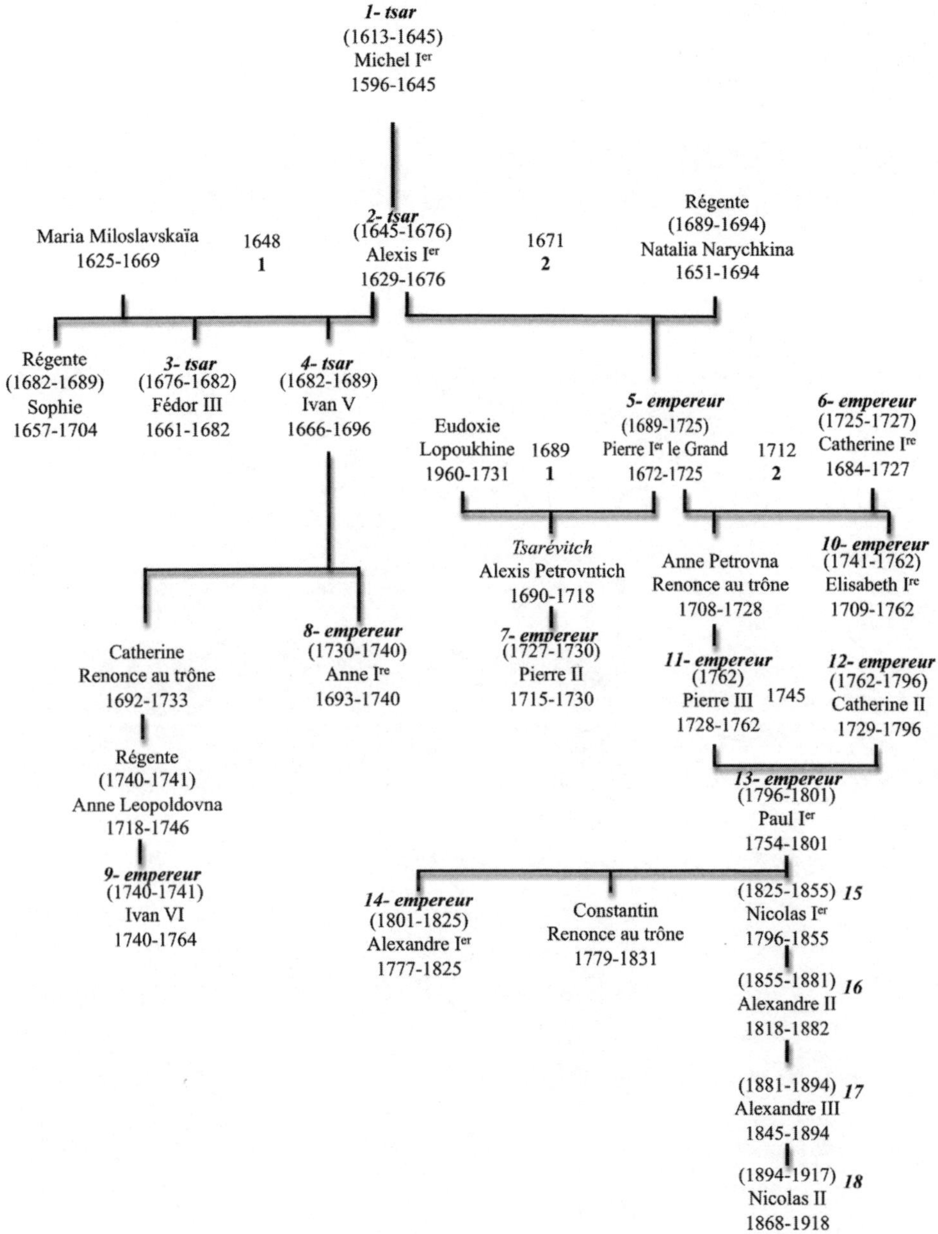

La dynastie Romanov.

TABLE DES MATIÈRES

Achevé d'imprimer en février 2013
sur les presses de la Nouvelle Imprimerie Laballery
58500 Clamecy
Dépôt légal : février 2013
Numéro d'impression : 302339

Imprimé en France

La Nouvelle Imprimerie Laballery est titulaire de la marque Imprim'Vert®